나는 왜 시간이 늘 모자랄까?

테론 Q. 듀몬트 지음
한진욱 옮김

나는 왜 시간이 늘 모자랄까?

훈련을 통해 익히는 집중의 기술

팬덤북스

차례

concentration

3장 / 어떻게 집중해야 하는가?

4장 / 집중으로 무엇을 얻는가?

무언가를 성취하려면 '집중'을 해야만 한다는 사실을 우리는 알고 있다. 집중하는 법을 배우는 것은 최고의 가치를 가지는 일이다. 무슨 일이든 성공하기 위해서는 지금 눈앞에 놓인 대상에 모든 생각을 집중할 수 있어야만 한다.

처음에는 생각이 한 대상에 오래 머무르지 않더라도 좌절하지 말라. 처음부터 그렇게 하는 사람은 별로 없다. 또한 우리에게 해로운 대상에 대한 집중이 이로운 대상에 대한 집중보다 쉽게 느껴져서 이상할 것이다. 이런 경향은 의식적으로 집중하는 방법을 배우면 얼마든지 극복된다. 매일 몇 개의 집중 훈련을 행하면 당신은 이 놀라운 능력을 기를 수 있을 것이다.

집중을 할 수 있게 되면 성공이 보장된다. 집중하면 자신에게 이로운 건설적인 생각을 활용하게 되며, 해로운 생각은 머릿속에서 몰아내기 때문이다. 오직 당신에게 이로운 일만 생각하는 것은 엄청난 가치를 가진다. 집중된 사고가 인생에서 얼마나 중요한 부분을 차지하는지 한 번이라도 생각해 본 적 있는가?

이 책은 집중된 사고의 방대한 영향력에 대해 알려 줄 예정이다. 아마 당신은 이 책에 있는 가르침이 굉장히 실용적이라고 느낄 것이다. 책에 나온 훈련법은 모두 내가 철저하게 시험해 본 것뿐이다. 시작하자마자 빠르게 집중력 개선을 느끼도록 잘 구성되어 있어서 훈련을 계속해 나갈 용기를 북돋아 준다. 또한 어떻게 하면 자신을 더욱 이롭게 만들지에 대한 방법도 알려 준다.

인간은 놀라운 생명체이지만, 쓸모 있는 인간이 되기 위해서는 반드시 훈련을 받고 특정한 능력을 길러야만 한다. 자신의 능력을 최대한 발휘하도록 일깨워지기만 한다면 위대한 일을 해낼 것이다. 반대로 역사 속 어떤 위인이라도 집중력과 노력이 부족했다면 별다른 성과를 이루지 못

했을 것이다. 거의 마법과도 같은 정신적 집중의 힘이 주는
도움만 받는다면 난쟁이도 거인의 일을 해낸다. 반면 정신
적 집중의 힘이 없다면 비록 거인이라도 난쟁이나 할 만한
일만 하고 만다.

우리는 적성보다는 집중에 의해 더 많은 것을 성취한다.
어떤 지위에 가장 잘 맞는 사람은 대개 해당 분야에 적성
을 가지고 있는 사람이 아니다. 그보다는 자신의 가능성에
집중하여 일과 삶을 최고 수준까지 끌어올리는 이들이다.

당신의 발전은 오직 개인적 노력에 의해서만 이루어져
야 한다. 이 책의 가르침은 성공을 쟁취하도록 당신을 자극
하고 고무시킬 것이다. 그리하여 당신이 성공의 법칙과 완
벽한 조화를 이루도록 한다. 또한 삶에 있어서 당신의 의무
와 책임에 대한 더욱 명확한 이해를 제공한다.

그다음으로 생각을 집중하는 방법을 실천으로 옮기기
를 바란다. 그러면 영원한 우주적 존재의 법칙, 그리고 불변
하는 진리라는 결코 무너지지 않을 우주의 기반과 당신의
내면 사이의 연결 통로를 열어 줄 것이다.

대부분의 사람은 서로 달라서 모두에게 똑같은 가치를
가지는 가르침을 주기란 불가능하다. 나는 책으로는 표현
할 수 없는 당신의 '영혼 안의 무언가'를 훈련을 통해 일깨

우기 위해 많은 노력을 기울였다. 따라서 이 책의 가르침을 있는 그대로만 받아들이지 말고, 당신 안에 있는 무언가를 일깨우고 단련하기 위한 수단으로 받아들이도록 하라. 당신의 행동과 생각에 강인함과 집중력이 깃들도록 하라.

이 책의 가르침을 통해 최대한의 이로움을 얻으려면 한 페이지를 읽을 때마다 책을 덮고 그 부분에 담긴 의미를 사려 깊게 되돌아보아야 한다. 그렇게 한다면 당신은 이내 차분한 정신의 습관을 형성할 것이고, 평소와 똑같은 속도로 책을 읽고도 내용을 모두 기억하게 될 것이다.

나는 왜
시간이 늘 모자랄까?

1장

집중이란
무엇인가?

집중이 길을 **열어** 준다

사람에게는 두 가지 본성이 있다. 한 본성은 앞으로 나아가기를 원하고, 다른 하나는 반대로 뒤쪽으로 잡아당긴다. 두 가지 본성 중에 의식적으로 집중하고 개발하는 본성만이 우리가 마침내 어떤 사람이 될지를 결정한다.

두 가지 본성 모두 우리를 지배하기 위해 노력한다. 그렇다면 결국 결과를 결정하는 것은 오직 우리의 의지뿐이다. 의지를 가지고 위대한 노력을 하는 사람은 자신의 미래 전체를 바꾸어 거의 기적까지도 달성한다. 당신 역시 그런 사람이 될 수 있다. 의지를 가지고 있다면 충분히 가능하다.

의지는 우리에게 길을 찾아 주거나, 때때로 길을 만들어 주기까지 한다.

무미건조한 태도로 일상을 힘없이 보내다가 어느 순간 자극을 받아 다른 사람이 된 사례는 너무나도 많다. 그것만으로도 책 전체를 손쉽게 채울 수 있다. 이러한 사례에 나오는 사람은 흡사 잠에서 깨어나는 것처럼 자신 안에 있는 가능성을 개발해 내고, 이후로는 전혀 다른 사람이 된다.

인생의 터닝 포인트, 즉 전환점이 언제 찾아올지는 당신 스스로 결정한다. 그것은 선택의 문제이다. 우리의 숭고한 본성이 자신을 제어하게 할지, 혹은 우리 안의 야수가 자신을 제어하게 할지는 선택의 문제이다. 누구든 자신이 원하지 않는 일은 하지 않아도 된다. 원한다면 충분히 스스로 삶의 감독이 될 수 있다. 우리가 무엇을 하게 되는가는 자신에 대한 (의지를 기르는) 훈련의 결과이다. 사람은 마치 쉽게 무언가에 달라붙는 접착제와도 같아서 의지가 전적으로 우리를 지배하도록 만들 수 있다.

습관은 습득되는 것이다. 종종 사람들이 누군가에 대해 다음처럼 하는 말을 들은 적이 있을 것이다.

"이런저런 행동을 보면 그는 역시 부모와 닮은 판박이야."

그가 부모님이 했던 행동을 따라 한다는 의미이다. 주위에서 매우 흔히 보는 사례이지만, 아무런 합리적인 이유가 없다. 누구나 '나는 원한다'라는 의지의 힘을 자기 것으로 익히는 순간 얼마든지 자신의 낡은 습관을 부술 수 있기 때문이다. 사람은 바로 지금까지도 인생 내내 아무짝에도 쓸모없는 존재였을 수 있지만, 이 순간 이후로는 전혀 다른 존재가 되어 무언가를 향해 솟구쳐 오르기도 한다. 심지어 노인조차 갑자기 변하여 놀라운 일을 해내기도 한다.

누군가는 말한다.

"나는 이미 기회를 놓쳤어."

물론 사실일지도 모른다. 하지만 의지의 절대적인 힘에 의해 새로운 기회를 얻을 길을 얼마든지 찾아낼 수 있다. '삶에서 기회는 단 한 번 찾아온다'라는 격언에는 일말의 진실도 담겨 있지 않다. 기회가 우리를 찾아오는 것이 아니다. 우리가 기회를 찾아 나서야만 한다.

한 사람에게 찾아오는 기회란 다른 누군가가 기회를 잃었다는 의미와 같다. 때문에 오늘날에는 기회를 얻기 위한 치열한 두뇌 싸움이 일어날 수밖에 없다. 이러한 두뇌 싸움의 결과는 종종 이성의 빠른 판단에 의해 결정된다.

누군가 '내가 해야겠다'고 생각하면서도 행동으로 옮기

지 않고 미루는 동안, 다른 누군가가 얼마든 앞질러 가서 먼저 해내기도 한다. 둘 다 동일한 기회를 가졌지만, 미루기만 했던 사람은 기어이 기회를 잃었다고 불평할 것이다. 다만 게을렀던 사람에게는 이후 정말로 성공을 향한 길을 찾으려 한다면 의지를 길러야 한다는 교훈이 되기는 한다.

많은 사람이 책을 읽으면서도 책에서 별로 얻은 바가 없다고 말하곤 한다. 그들은 책이든 강의든 자신 안의 가능성을 깨워 내기, 즉 스스로 강한 의지를 갖도록 자극하기가 가능하다는 점을 깨닫지 못하고 있다. 당신이 누군가를 지금부터 새벽까지 가르친다고 하더라도 결국 그는 자신이 받아들인 것만 알게 된다.

"사람을 우물로 데려갈 수는 있어도 물을 마시도록 할 수는 없다."

내가 아는 제일 괜찮은 습관 중 하나는 사람을 포함한 모든 것에서 좋은 면을 찾아보는 습관이다. 무엇이든 좋은 면이 깃들어 있다. 어떤 사람의 좋은 면을 봄으로써 그를 격려할 수 있고, 동시에 그로부터 이로움을 얻을 수 있다. 그들의 좋은 면을 보고 배움으로써 때때로 그들만의 귀중한 재산을 얻는 셈이다.

또한 우리는 베푼 만큼 되돌려 받는다. 살다 보면 종종 격려가 필요한 시기, 자존감의 회복이 필요한 시기가 온다. 다른 사람을 격려하는 습관을 기른다면 모두에게 이로운 감초처럼 작용할 것이다. 격려받은 이가 다시 당신에게 격려와 힘이 되는 생각을 되돌려 주기 때문이다.

인생은 자신을 계발할 기회를 주곤 한다. 그 기회를 이용할지 말지는 자신에 대한 기대치에 얼마나 근접해 있는가에 따라 결정된다. 한 달이 지나가면 그동안 자신이 얼마나 많이 나아갔는가를 차분히 되돌아보아야 한다. 되돌아본 결과 '기대'에 충분히 부응하지 못했다면 이유를 찾아내야 한다. 다음번에는 기대에 부응하기 위해 더 많은 노력을 기울여 기대치를 따라잡아야 한다. 계획했던 바를 이루지 못하고 뒤처질 때마다 너무나도 많은 것을 잃는다. 지나간 시간은 영원히 돌아오지 않기 때문이다.

일을 해야 하는 이유를 가지고는 있지만, 형편없는 변명으로 해야 하는 일을 대체하고는 한다. 대부분은 충분히 이루어 낼 만한 일이다. 어려운 일이라면 그만큼 보상도 큰 법이다. 게다가 어려운 일이야말로 우리를 진정 계발시켜 준다.

아주 적은 노력만을 요구하는 일은 능력 중 일부만을 사용하기 때문에 성취가 이루어지더라도 초라한 수확물만

내놓는다. 따라서 어려운 일을 마주해도 움츠러들지 않아야 한다. 그러한 일을 성취해 내는 것은 쉬운 성취를 무더기로 이루는 것보다도 큰 도움이 되기 마련이다.

나는 대가를 지불할 준비가 되어 있는 사람이라면 누구든지 성공한다는 사실을 알고 있다. 여기서 대가는 돈이 아니라 노력을 의미한다. 성공을 위한 기본적이고 필수적인 자질은 무언가를 이루고자 하는, 혹은 무언가가 되고자 하는 열망이다. 다음 단계가 어떻게 이룰지를 배우는 것이며, 그다음 단계는 실천에 옮기는 것이다.

무슨 일이든 이루어 낼 가능성이 높은 이는 열린 마음을 가진 사람이다. 다시 말해, 개별적이고 특정한 경우에 깊고 완전하게 도움이 되지는 않더라도, 대다수의 경우에 걸쳐 어느 정도 도움이 되는 지식을 쌓은 사람이다. 성공을 원하는 사람이라면 자유로워야 한다. 자신이 얻을 수 있는 지식을 최대한 얻으려고 노력해야 한다. 일하려는 영역의 단 한 가지 분야에 한정된 지식이 아니라, 전 부분에 걸쳐 방대한 지식을 쌓기 위해 노력해야 한다. 바로 그러한 사람이 성공을 거둔다.

성공의 비밀은 어느 자리에 있든 자신을 계발하기 위해 항상 노력하는 것이다. 배울 수 있는 것이라면 모두 배워라.

못하는 일이 얼마나 많은지 보지 말고, 할 수 있는 일이 얼마나 많은가를 보아라. 그런 사람이라면 무엇이든 해내려는 만능인으로서 명성을 쌓게 되고, 원하는 곳도 많아진다. 진보적인 기업이라면 만능인이 직장을 떠나지 못하도록 최대한 노력하기 때문에 늘 자리가 찾아오는 것이다.

정상에 도달하는 사람은 늘 투지가 넘치고, 결단력이 있고, 열심히 일한다. 소심하고, 결단력이 없고, 느릿느릿 일하는 사람이 아니다. 경험이 없는 사람은 책임감과 권력이 따르는 자리에 앉는 일이 거의 없다. 그런 자리에 앉는 사람은 대부분 이미 중요한 무언가를 해냈거나, 특정 분야에서 눈에 띄는 성취를 달성했거나, 자신의 부서를 앞장서 이끌어 본 사람이다. 그들은 노력에 계속 활기와 정력을 불어넣는 것으로 명성을 쌓았고, 이전에 이미 용기와 결단력을 보여 주었다.

중요한 시기에 중요한 일을 하도록 선택받는 이는 대개 천재가 아니다. 그는 다른 사람보다 뛰어난 재능을 가지고 있지는 않지만, 만족할 만한 결과는 지치지 않는 노력에 의해 얻어진다는 깨달음을 얻은 사람이다. '기적'은 그냥 '생겨나는 것'이 아니다. 오로지 문제에 차분히 달라붙어 노력하고 능동적으로 기다릴 때만 기적이 일어난다는 것을 선택받는 이는 알고 있다. 이것이 누군가는 성공하고 누군가는 실패하는 유일한 비밀이다.

성공적인 사람은 무언가를 성취해 내기에 익숙해서 이른바 성공에 대한 확신을 느낀다. 반면 실패하는 사람은 실패에 익숙해서 스스로 실패를 기대하며 불러들인다. 내 견해에 의하면, 올바른 종류의 훈련을 통하면 누구든지 성공적인 삶을 살 수 있다. 다채로운 능력과 재능을 가진 너무나도 많은 사람이 자신의 힘을 낭비하도록 내버려 두고 있다. 우리 모두에게 너무나도 부끄러운 짓이다.

나는 언젠가 백만장자인 자선가가 실패한 이들을 훈련시키는 '학교'를 만드는 모습을 보기를 희망한다. 자선가의 돈을 그보다 잘 사용할 수는 없다. 몇 년 지나지 않아 그는 실용심리학이라는 과학이 실패한 이들을 위해 얼마나 엄청난 일을 해내는지 보게 될 것이다.

우선 그는 자신에 대한 통제력을 잃어버린 이들을 찾아내는 보조 기관을 먼저 세워야 한다. 사소한 몸의 불편이나 싫증 때문에 의지가 약해진 이들, 슬픈 일이나 불행으로 인해 용기를 잃고 낙심한 이들 말이다. 그들에게 필요한 것은 스스로 다시 일어나도록 해주는 것뿐이다. 대부분 혼자 힘으로는 제대로 일어서지 못하고 다시 바닥으로 주저

앉고 만다. 그 결과 그들의 잠재적인 힘은 영영 계발되지 못하고, 그들과 세상은 모두 패자가 된다. 유용한 재능을 잃는 일은 개인뿐만 아니라 세상에게도 손해이다.

나는 가까운 미래에 부유한 누군가가 자산을 투자하여 흔들려 넘어진 이들을 다시 일으켜 세울 것이라 확신한다. 오직 넘어져 있는 이들 안에 자신을 도울 전능한 능력이 잠들어 있다는 것을 보여 주기만 하면 된다. 그들이 다시 자리를 잡도록 하려면 절망하는 마음을 희망하는 마음으로 바꾸어 주는 것만으로도 충분하다.

누군가가 자신에 대한 통제력을 잃는다면 의지를 통해 스스로 구원해야 한다. 주위의 환경이 아무리 격려하는 환경이라도 그는 작은 격려나 조언밖에 얻지 못한다. 대개 올바른 길은 직접 찾아내야 한다. 그는 자신의 에너지를 낭비하는 일을 멈추고, 모든 주의를 유용한 진로를 세우는 데 집중해야 한다.

오늘날 우리는 자신의 무력감이 보이는 경향성을 스스로 극복해야만 한다. 누군가가 당신을 도와줄 것이라고 기대해서는 안 된다. 단단히 대비하고, 굳은 결단을 내리며, 자신의 약함과 부도덕을 극복하기 위해 노력하라. 누구도 당신을 위해 대신 해줄 수 없다. 누군가 격려할 수는 있지만, 그것이 전부이다.

　나는 건강상의 문제를 제외하고는 성공을 방해할 장애물은 아무것도 없다고 생각한다. 건강상 문제 외에 당신이 극복하지 못할 핸디캡은 없다. 불리한 조건을 극복하기 위해 필요한 자산은 그저 조금 더 결단력을 발휘하고 투지와 의지를 갖는 것뿐이다. 투지와 의지를 가진 사람이라면 비록 지금은 가난할지 몰라도 몇 년 안에 부유해질 것이다. 의지는 돈보다 나은 자산이다. 자신의 의지를 믿기만 한다면 실패라는 골짜기 너머로 당신을 이끌어 줄 것이다.

　제일 높은 지위에 올라간 이는 대개 큰 역경을 상대로 승리를 얻은 사람이다. 역사 속 위대한 발명가들이 성공을 거두기 전에 거쳐 갔을 수많은 어려움을 생각해 보라. 대부분 그들은 가족, 친구로부터 이해받지 못했다. 변변한 집이나 옷 같은 필수품조차도 가지고 있지 못했다. 그럼에도 순수한 결단력과 확고한 용기로 마침내 발명품이 완성되기까지 버텨 내었다. 이제 그들의 발명품은 삶의 질을 높여 인류에게 큰 도움을 주고 있지 않은가.

　누구나 진정으로 무언가를 하고 싶어 하지만, 목표를 얻기 위한 필수적인 희생으로 꼭 필요한 노력을 실제로 행하는 사람은 적다. 무언가를 성취하는 방법은 단 하나뿐이다.

바로 나아가서 실천하는 것이다. 일을 행하기에 마음을 맞추고, 다른 무엇이라도 전진을 방해하지 못하도록 막는다면 모두 성취할 수 있다.

열망을 성취하기 위한 확고한 마음가짐을 가진 사람은 장애물을 손쉽게 극복한다. 사람이 거대할수록 장애물도 작아 보이는 법이다. 사람이 초라할수록 장애물이 거대해 보인다. 장애물을 극복함으로써 얻을 수 있는 이로움을 늘 생각하라. 그러면 장애물을 넘어설 용기를 얻을 것이다.

항해가 언제나 순조로우리라 생각하지 말라. 여정의 일부는 굉장히 험난할 것이다. 그렇다고 험난한 부분이 여정을 포기하게 만들도록 내버려 두지 말라. 여정을 계속하라. 폭풍우를 어떻게 헤쳐 나가는가는 자신의 몸과 마음이 무엇으로 이루어져 있는가를 보여 줄 것이다. 제자리에 앉아서 험난한 상황을 불평하지만 말고, 대신 지금까지의 순항이 얼마나 쾌적했는가를 떠올려라. 곧 다시 찾아올 순탄한 평원을 즐거운 마음으로 바라보라. 장애물이 여정을 막아서도록 하지 말라. 목적지에 도달하기 전에 반드시 극복해야 하는 단순한 사건으로 생각하라.

자기 통제력
: 자신을 이끄는 집중의 힘

발달에 관한 심리학적 견해에 따르면, 대다수의 사람은 본래 갖추어야 할 모습을 갖추지 못한 경우가 많다. 태생적으로 인간이 가져야 하는 능력인 자기 통제력, 즉 자신의 집중력을 관리하는 힘을 갖추지 못했다. 일반적인 사람은 자신의 통제력을 기르도록 따로 훈련받지 않기 때문이다.

안정되고 균형 잡힌 상태에 놓인 마음은 인간 정신의 작용을 설계하고 지도하며, 물리적인 일이든 정신적인 일이든 한 가지에 집중하도록 만드는 능력을 가지고 있다. 사람은 마음뿐만 아니라 몸의 움직임까지도 다루는 법을 배워야 한다.

마음을 제어하는, 즉 자율성을 담당하는 기능이 훈련받지 않은 상태에 있으면 충동, 열망, 감정, 사고, 습관 등은 통제의 부재로 인해 불안정한 상태에 놓인다. 정신적 집중작용 또한 제대로 작동할 수 없다. 단순히 정신에서 자율성을 담당하는 기능이 약화되어서만이 아니라, 마음이 온전한 훈련을 받지 못했기 때문이다.

다시 말해, 자율성을 담당하는 기능이 온전하더라도 충분한 훈련이 이루어지지 않으면 집중력을 얻기란 어렵다. 자신을 통제하는 기능이 발달되지 않았다면 충동, 욕구, 감정, 열망 등은 제멋대로 크게 흔들린다. 그 결과 마음역시 행동에 있어 충동적이고, 무분별하고, 감정적이고, 비합리적인 판단을 내리게 된다. 이것이 바로 정신적 집중을 흐트러뜨리는 요인이다.

발달 과정에서 자신을 인도하는 기능이 온전히 발달하지 못한다면 언제나 정신적 집중력의 부족을 겪는다. 따라서 집중을 가능하게 해주는 기반적인 요인을 발달시키기전에는 집중하는 방법을 배울 수가 없다. 당신이 제대로 집중을 할 수가 없다면 다음 중 한 가지가 원인일 것이다.

- 핵심적인 정신 기능의 부재
- 충동적이고 감정적인 마음
- 마음에 대한 훈련의 부재

마지막 원인인 훈련의 부재는 체계적인 훈련으로 쉽게 해결된다. 세 가지 원인 중 가장 바로잡기 쉽다.

충동적이고 감정적인 마음 상태를 해결하는 제일 손쉬운 방법은 분노, 욕망, 흥분, 증오, 강력한 충동, 강렬한 감정, 조바심 등을 억제하는 것이다. 이와 같은 고무된 상태 중 어느 하나에 빠져 있다면 집중을 하기란 불가능하다. 이러한 상태는 마음을 자극하거나 욕망, 충동, 강렬한 감정 등을 유발하는 경향을 가진 음식이나 음료를 피하는 것으로 자연스럽게 줄여 나갈 수 있다. 또한 매우 안정되고 차분하며 통제력 있고 신중한 사람과 이야기하거나 어울리는 방법도 매우 좋다.

한편 핵심적인 정신 기능의 부재는 해결하기 어려운 문제이다. 사람의 뇌가 덜 발달한 만큼 의지력도 부족하기 때문이다. 이것을 바로잡으려면 어느 정도 시간이 걸린다.

많은 사람은 자신이 부정적인 상태에 놓여야 집중하게 된다고 여긴다. 전혀 사실이 아니다. '명상'하고 있을지는 몰라도 집중하는 상황은 아니다. 부정적인 상태에 오래 있는 사람은 당연하게도 온전히 집중할 수가 없다. 그러한 상태는 마음의 집중이 아니라 마음의 추상화, 혹은 마음의 부재이다. 집중력은 더욱 약해져서 무언가에 집중하는 것을 굉장히 어려워하게 된다. 그런 상태를 계속 유지한다면 종종 뇌를 손상시키기까지 한다.

집중을 하기 위해서는 강인한 마음을 가지고 있어야 한다. 유약한 마음을 가진 사람은 의지가 부족하여 정신을 집중시키지 못한다. 특정한 대상이나 사고에 자신의 초점을 맞출 수 없는 정신은 약한 것이다. 동시에 특정한 대상으로부터 자신을 벗어나게 하지 못하는 정신 역시 약한 것이다. 반면 어떠한 문제에든 초점을 맞추거나, 어떠한 조화롭지 못한 인상이든 제거해 내는 사람은 강인한 마음을 지닌 것이다. 집중력은 몇 번을 말해도 지나치지 않지만, 결국 마음의 강인함을 의미한다.

집중을 통해 정신적, 육체적 에너지를 모으고 유지하는 일이 가능해진다. 집중된 마음은 생각, 말, 행동과 계획에 주의를 기울이게 해준다. 자신의 마음이 멋대로 배회하도록 내버려 두는 사람은 절대 세상에서 큰일을 해낼 수 없다. 자신의 에너지를 낭비하기 때문이다. 목표 없이 일하고 생각하고 이야기한다면, 그리고 마음이 앞에 놓인 대상을 떠나 다른 것을 생각하도록 내버려 둔다면 결코 집중할 수가 없다. "나는 ~를 하고 싶다", "나는 ~를 할 수 있다", "나는 ~를 할 것이다"라고 말하는 순간 비로소 집중하게 된다.

사람들이 이따금씩 저지르는 실수가 있다. 감상적인 이야기나 읽을 가치도 없는 신문 기사를 읽는 것에 시간을 허비하다 보면 당신의 충동적이고 감상적인 기능을 자극하게 된다. 이것은 당신의 집중력을 약화시키고 있음을 의미한다. 그러면 당신은 자유로운 설계자가 되어 자신을 성공으로 이끄는 일을 할 수 없다.

정신의 집중 능력은 자신을 조심스럽게 바라보는 것으로만 발달된다. 모든 종류의 발달은 깊게 주의를 기울이는 것에서 시작된다. 당신은 모든 사고와 감정을 감독해야만 한다. 자신과 자신의 행동, 다른 사람들의 행동까지도 바라보기 시작하면 앞에서 말한 '자율성'을 담당하는 능력을 사용하게 된다. 계속하면 능력을 더욱 개발시키게 되고, 결국에는 생각과 소망, 계획 등을 설계하게 되는 것이다.

지금 손에 놓여 있는 과제나 대상에 의식적으로 초점을 맞추면 집중으로 이끌어 줄 것이다. 오직 훈련받은 마음만이 초점을 조절할 수 있다. 마침내 정신의 기능이 과제나 대상에 초점을 맞출 때까지 계속 버티며 생각을 쥐고 있는 것이 바로 집중이다.

자신의 생각, 소망, 계획, 결정 등을 온전히 지도하지 못하는 사람은 완전한 의미에서 성공을 거둘 수가 없다. 어떤 순간에는 충동적이었다가 다음 순간에는 차분해지는 사람은 자신에 대해 충분한 통제력을 갖지 못한 것이다. 자기 마음의 주인이 아닐 뿐 아니라 사고, 감정, 소망 등의 주인도 되지 못한다. 그러한 사람이 어찌 성공을 거두겠는가. 화가 나면 주위 사람조차도 화가 나도록 만든다. 결과적으로 잘하고 있던 다른 사람의 기회까지 모두 망쳐 버린다.

자신의 에너지를 올바르게 이끌고 집중된 태도로 다루는 사람은 모든 일과 행동을 제어할 수 있다. 그러면 다른 사람도 제어하는 힘을 얻는다. 자신의 행동이 유용한 일이 되도록 할 수 있고, 자신의 생각이 숭고한 목적을 가지도록 할 수 있다.

쉽게 흥분하고 화를 내는 이는 멀리해야 할 사람으로 인식되어야만 한다. 오늘날 가정 교육을 잘 받은 이는 천천히 신중하게 말한다. 그렇게 함으로써 더욱더 평온하고 침착한 태도를 길러 가는 것이다. 의식적으로 조심성을 가지며, 한 번에 하나씩만 마음에 담는다. 다른 모든 것은 그의 마음에서 차단한다.

누군가와 이야기를 하고 있다면 오직 그에게로만 향하는 집중된 주의를 기울여라. 당신의 주의가 이리저리 돌아다니거나 분산되지 않도록 하라. 다른 무엇에게도 주의를 기울이지 말고, 당신의 의지와 지성이 합치된 행동을 하도록 만들라.

아침부터 하루 종일 얼마나 침착한 상태를 유지하는가 살펴보라. 가끔씩 그날 했던 일의 목록을 만들어 과연 안정된 태도를 지켰는가 확인하라. 오늘 그렇게 하지 못했다면 내일은 또다시 도전해 보라. 침착할수록 당신의 집중은 더욱 나아질 것이다. 하지만 너무 서두르지는 말라.

또 한 가지, 집중력을 향상시킬수록 가능성도 점점 늘어난다는 사실을 기억해야 한다. 자신을 통제하기가 보다 쉬워지고 마음을 한곳에 모을 수 있다는 점에서 집중은 곧 성공을 의미한다. 일에 보다 성실해지면서 성공할 확률을 의심할 여지 없이 높여 준다.

다른 사람과 이야기할 때는 당신의 계획을 마음속에 담아 두어라. 지금 이야기하고 있는 주제에 당신의 강인한 정신을 집중하라. 움직이는 상대방의 눈을 따라가되, 다른 계획과 생각은 당신 안에 담아 두어라. 그렇지 않으면 원래 이룰 만큼 얻지도 못하고 에너지만 낭비한 셈이 되고 만다.

힘을 지닌 사람, 혹은 강인한 성격으로 명성을 쌓은 사람을 한번 주의 깊게 바라보라. 그가 몸 전체를 얼마나 완벽하게 지배하는지를 살펴보라. 그러고 나서 평범한 사람을 바라보라. 앞서 본 그에 비해 평범한 사람의 눈은 어떻게 움직이는지, 팔과 손가락은 어떻게 움직이는지를 보라. 아마도 의미 없이 에너지를 소비하는 움직임을 볼 것이다. 이러한 움직임은 모두 몸 안의 필수적인 세포들이 지치도록 만들어 신경적, 생리적 측면에서 몸에 대한 지배를 잃도록 한다. 신경적인 에너지를 보존하는 것은 생리적인 에너지를 보존하는 만큼이나 중요하다.

한 가지 예를 들자. 선로를 따라 부드럽게 나아가는 증기 기차를 바라보고 있다고 하자. 이때 누군가가 기차에 있는 증기 밸브를 모두 열어 버린다면 기차는 곧 멈추고 말 것이다. 마찬가지로 당신의 '증기'를 모두 사용하고 싶다면 마음의 밸브를 조절해야 한다. 당신에게 주어진 마음의 '증기'가 만들어 내는 힘을 한 가지 목표를 위해 써야만 한다. 단 한 가지 목표, 단 한 가지 계획, 단 한 가지 일에만 당신의 마음을 맞추어라.

흥분만큼이나 신경 에너지를 빨리 써 버리는 것도 없다.

쉽게 화를 내곤 하는 사람이 매력적이지 않은 이유이다. 그런 사람은 존경받거나 사랑받지 못한다. 진정한 신사가 가지고 있는 보다 세련된 자질을 발달시키지 못하기 때문이다. 분노, 냉소, 흥분은 이런 점에서 사람을 약하게 만든다. 자신을 쉽게 흥분하도록 내버려 두는 사람은 금세 초조해지고 조바심을 낸다. 신경 에너지와 생리적인 에너지를 모두 사용해 버리기 때문이다. 자신을 통제하지 못하고 스스로 흥분하는 상황을 막지 못하는 사람은 절대 집중할 수 없다.

정신이 정상적으로 집중하면 미세한 세포의 힘까지 단 하나의 경로로 향하여 아주 강력한 영향력이 발생한다. 누구나 수많은 작은 세포를 가지고 있다. 각각의 세포에는 생명력과 에너지가 생성되어 저장되는 중심적인 공간이 있다. 에너지를 낭비하지 않게 제어하여 유지한다면 영향력 있는 사람이 될 수 있다. 반대의 경우라면 영향력이 없고 성공하지 못하는 사람이 되고 만다.

증기 기차의 밸브가 모두 열린 채로는 나아갈 수 없듯이 당신의 에너지를 낭비하면서 최고 속도로 달려가기란 불가능하다. 뇌의 회색질에 위치한 뉴런은 인간의 사고와 행동의 심리적 중심지가 된다. 각각의 뉴런은 활기차게 고동치며 지적인 힘을 만들어 낸다. 이 힘이 신중하고 체계적이며 집중된 마음에 의하여 보존된다면 생명력, 건강, 사람을 끄는 마력으로 나타날 것이다.

몸의 근육, 뼈, 인대, 발과 손, 신경 등등은 모두 마음이 내리는 업무를 수행하는 일원이다. 마음에서 의지를 담당하는 기능은 신경 다발과 근육을 통해 에너지를 전달하여 육체적 메커니즘을 작동시키려는 단 한 가지 목표만 가지고 있다. 의지가 행동으로 발현되기 위해서는 신경 차원에서의 제어가 중요하다는 것이다. 이러한 이유로 충동, 사고, 감정, 물리적 움직임, 신경과 같은 물리적 경로 등에 자율적인 통제를 가하게 된다면 자기 통제력을 기를 수 있게 된다. 여기서 몸과 정신을 얼마나 성공적으로 제어하는가에 따라 얼마나 집중력을 발달시킬 수 있는가가 비례적으로 결정된다.

마음을 흥분시키거나, 감각을 자극하거나, 감정과 욕망이 드러나도록 하는 일이나 행동은 집중력을 약화시키고 위협하며 혼란스럽게 만든다. 어떤 종류의 흥분도 좋지 않다. 이것이 바로 독한 술을 먹는 이, 쉽게 화를 내도록 내버려 두는 이, 쉽게 사람들과 싸우는 이, 자극적인 음식을 먹는 이, 노래를 부르고 춤을 추며 감성을 터뜨리는 이, 차분하지 못하고 열정적이고 감정적인 이 등에게 집중력이 부족한 이유이다. 반면 행동이 보다 차분하고 지성에 의해 인도되는 사람은 집중력을 쉽게 길러 낸다.

때로는 독단적인 이, 고집쟁이, 쉽게 흥분하는 이도 집중을 하긴 하지만, 일시적이며 변덕스러운 집중이다. 잘 제어된 일관적 집중이 아니다. 그들의 에너지는 들쭉날쭉하게 작용한다. 가끔씩은 그들에게도 에너지가 충분하지만, 다른 때에는 조금밖에 없기도 한다. 그들의 에너지는 쉽게 고양되기도, 쉽게 낭비되기도 한다.

총을 쏘는 것과 비교하면 이해가 쉽다. 총알이 준비된 상태에서 원하는 시기에 발사된다면 수월하게 사냥감을 잡는다. 그러나 준비되기도 전에 먼저 발사된다면 총알을 낭비한 셈이 될 뿐 아니라, 심지어 해를 입을 가능성도 있다. 사실 대부분의 사람이 저지르고 있는 상태이다.

대부분의 사람은 에너지가 폭발해 버리는 것을 허용하여 낭비하는 동시에 다른 사람마저 위험에 빠뜨린다. 자신의 힘, 다른 사람을 끌어들일 매력을 낭비함과 동시에 성공의 기회를 멀리 쫓아 보낸다. 누구에게도 사랑받지 못하며, 앞으로도 자신에 대한 통제력을 갖게 되기 전까지는 계속 그럴 것이다.

다양한 종류의 집중 연습이 필수적이며, 얼마 동안 꾸준히 행해야 한다. 갑자기 찾아오는 변덕스러운 생각을 완벽하게 극복해야 하고, 감정과 몸의 움직임을 통제해야 한다. 마음이 진정된 상태가 되도록 밤낮으로 훈련하고, 에너지를 올바르게 이끌며 유지하는 법을 익히도록 한다.

뇌의 아래쪽 부분은 에너지가 보관되어 있는 창고와 같다. 집중시키기만 한다면 얼마든지 필요한 만큼 사용할 정도의 동적인 에너지를 이곳에 지니고 있다. 대부분의 사람에게 '기계'가 있는 셈이지만, 기계를 다루어 줄 '공학자'도 필요하다. 공학자 없이는 기계가 아무리 좋아도 별다른 성과를 내지 못한다. 여기서 '공학자'란 자기 통제력, 즉 자신을 인도하는 힘을 의미한다.

설계자(공학자)로서의 자질을 발달시키지 않는 사람은 삶에서 그다지 많은 것을 이루어 낼 수 없다. 뛰어난 설계자는 자신의 행동을 제어한다. 그 결과 행동이 자기 계발에 기여하게 된다. '무엇을 하는가에 따라 전진하거나 후퇴한다'는 늘 마음속에 담아 두어야 할 말이다. 무언가를 해야 할지 확실하지 않은 상황이라면 그 일을 통해 자신이 성장할지 퇴보할지를 떠올리고 행동하라.

나는 '일할 때는 일하고 놀 때는 놀아라'라는 말을 확고하게 신봉한다. 즐거움에 몸을 맡겨야 한다면 즐거움 외에 아무것도 생각하지 않음으로써 집중을 이끌어 낸다. 사랑에 빠졌다면 사랑 외에는 아무것도 생각하지 말라. 그러면 어느 때보다도 강렬한 사랑에 빠져 있는 자신을 발견할 것이다.

'나 자신'이라 할 진정한 자아의 엄청난 가능성에 정신을 집중한다면 집중력은 물론, 나 자신의 보다 숭고한 생각을 기를 수 있다. 이 방법을 체계적으로 행하면 보다 많은 것을 얻는다. 체계적으로 행한다는 것은 곧 지금 하고 있는 일에 집중한다는 의미이기 때문이다.

교외로 나가 신선한 공기를 마시며 다른 잡념 없이 식물과 동물 등의 자연에 정신을 쏟고 있다면 이미 집중하고 있는 상태이다. 매일 아침 특정 시간대에 직장에 앉아 있는 자신을 깨닫는다면 꾸준함의 습관을 기르며 체계적인 사람으로 변하고 있는 중이다. 하루 정시에 갔다고 해서 다음 날 조금 늦고, 그다음 날도 지각한다면 집중력을 기르고 있는 것이 아니다. 꽤나 오랜 시간 동안 한 가지 생각에 마음을 고정하고 계속 잡으면 집중력을 기르게 된다.

마음을 특정한 대상에 고정시키면 주의도 그곳으로 모아진다. 카메라 렌즈가 특정한 피사체에 초점을 맞추는 것

과도 같다. 지금 하고 있는 것이 무엇이든 간에 마음을 고
정시켜라. 언제나 자신을 조심스럽게 돌아보아야 한다. 그
렇지 않으면 발전은 굉장히 더딜 것이다.

/ 신체와 집중력의 관계 /

길고 깊은 숨을 들이쉬는 연습을 하라. 단순히 건강만
이 아니라 보다 많은 힘, 사랑, 생명력 등을 기르기 위함이
다. 깊은 호흡은 이 모든 것들을 길러 낸다. 아마도 육체적
노력으로 집중력을 기르려는 시도가 바보 같다고 생각할
지도 모르겠다. 하지만 정신도 근육과 신경에 연결되어 있
다는 점을 잊어서는 안 된다.

근육과 신경을 안정시키면 마음도 안정되지만, 제멋대로
내버려 둔다면 마음도 변덕스러워진다. 변덕스러워진 마
음으로는 자신을 인도하는 힘인 집중력을 가질 수가 없다.
근육과 신경을 편안하게 안정시켜 주는 운동이 집중력 향
상에 얼마나 중요한가를 이해해야 한다.

사람은 지속적으로 발생하는 충동에 노출되어 있다. 성
공적인 인생을 살기 위해서는 충동을 올바르게 이끌고 통

제해야 한다. 사람이 눈, 발, 손가락 등의 움직임을 능동적으로 제어해야 하는 이유이기도 하다. 마찬가지로 위에서 말한 대로 호흡을 조절해야 하는 또 다른 이유이기도 하다.

천천히 오랫동안 깊게 들이마시는 호흡은 엄청난 가치를 가진다. 깊은 호흡은 몸의 순환, 심장의 박동, 근육과 신경을 안정시킨다. 심장이 두근거리는 상태이거나, 몸의 순환이 잘 이루어지지 않거나, 폐의 운동이 불규칙적이면 마음도 불안정해져 집중에 맞지 않는 상태가 된다. 의식적으로 제어된 호흡이 육체적 건강의 기반으로써 굉장히 중요한 것이다.

마음뿐만 아니라, 눈, 귀, 손가락의 움직임에도 집중해야 한다. 각각에는 마음의 축소판이 깃들어 있어서 결국 '공학자'의 제어를 받기 때문이다. 이것을 깨닫는다면 훨씬 더 빠르게 집중력을 기를 수 있다.

한 번이라도 위대한 이들을 만나 본 적이 있거나 전기를 읽어 보았는가? 그랬다면 그들이 대개의 대화에서 상대가 주도적으로 말하도록 두었다는 사실을 깨달을 것이다. 말하기는 들어 주기보다 훨씬 쉽다. 누군가 말을 할 때 깊게 주의를 기울이고 들어 주는 것만큼이나 집중력을 위한 연습으로 알맞은 방법은 없다. 상대의 말을 통해 무언가를 배우는 것은 빼더라도 몸(귀)과 마음의 집중력을 동시에 함양할 수 있는 방법이다.

누군가와 악수를 한다고 하자. 악수하는 사람의 손을 저마다 수백 개의 서로 다른 마음으로 느껴 보라. 그 각각의 마음마다 고유한 사유를 가진 존재로 여겨 보라. 이러한 생각을 적용해 보면 악수는 사람의 성격을 드러낸다고 하겠다. 무기력한 악수는 소심함, 무력함, 인격적인 카리스마의 부족 등을 의미한다. 손을 약하게 쥔다면 마음속에 사랑이 부족한 것이다. 열망도 없고, 다른 사람을 끌어들이는 힘도 없다. 악수하는 형태가 반대라면 본성 또한 반대일 것이다.

사랑이 부족한 사람은 언제나 매력이 없다. 그는 자신의 모습을 매력 없는 악수로 보여 준다. 두 개의 온전하고 올바르게 길러진 영혼이 악수를 할 때의 움켜쥠은 절대 가볍지 않다. 손을 타고 흐르는 두 전류가 서로 만날 때는 전율이 흐르는 느낌이 들기도 한다. 사랑은 음극과 양극처럼 상이하나 서로를 끌어당기는 전류의 흐름을 일으킨다. 사랑이 없으면 삶도 매력을 잃는다. 손은 사랑이 일어나고 있다는 것을 재빠르게 나타낸다. 악수의 기술을 공부하고, 사회적인 사랑의 능력을 길러야 한다. 동료를 사랑하는 사람은 악수에 사랑을 담지만, 증오하는 사람은 악수에 증오를 담는다.

나쁜 성격을 가진 사람, 혐오스러운 기질을 가진 사람, 나쁜 생각과 감정을 지닌 사람은 변덕스럽고, 불안정한 모습을 보이고, 행동이 발작적이다. 화가 치밀어 오르는 자신을 내버려 두는 경우가 생기면 어떻게 숨을 쉬는지를 한번 살펴보라. 적절한 교훈이 된다. 기쁠 때는 숨을 어떻게 쉬는지 살펴보라. 증오를 품으면 숨을 어떻게 쉬는지 살펴보라. 온 세상과 사랑에 빠져 숭고한 감정들이 온몸을 전율케 할 때는 숨을 어떻게 쉬는지 살펴보라.

좋은 생각으로 가득 차 있으면 깊은 숨을 쉬어 풍부한 양의 산소로 폐를 채운다. 그러면 사랑이 영혼을 가득 채운다. 사랑은 사람을 육체적, 정신적, 사회적으로 발전시킨다. 기쁠 때는 깊이 숨을 들이쉬어 생명력과 힘을 얻어라. 마음을 안정시키고 집중하는 능력을 길러 멋지고 강인한 사람이 될 것이다.

인생에서 많은 것을 얻고 싶다면 사랑에 대해 더 자주 생각해야 한다. 무언가에 진솔한 애정을 가지고 있지 않다면 어떠한 깊은 정서도, 달콤함도, 사람을 끄는 힘도 없는 것이다. 의지를 통해 사랑을 자극하고 보다 풍요로운 삶을 시작하라. 사랑으로 가득 찬 손은 언제나 사람을 끄는 매력을 지니지만, 안정되고 제어된 상태에 있어야 한다. 사랑은 또한 악수에도 집중될 수 있고, 타인에게 영향을 주는 여러 방법 중 하나이다.

화가 느껴질 때는 의지를 사용하여 차분함을 찾기 위해 노력하라. 자기 통제에 관한 굉장히 훌륭한 훈련이 된다. 천천히 깊게 숨을 들이쉬면 차분함을 유지하는 데 도움이 된다. 너무 빠르게 말하기 시작하는 자신을 발견한다면 그저 천천히 명확하게 말하도록 자신을 통제하라. 목소리를 너무 높이거나 낮추지 말고 신중함을 유지해야만 한다는 점에 집중하라. 집중하는 능력을 보다 향상시킬 것이다.

어떠한 일로든 사람을 만나면 편안한 자세를 가져라. 언제나 그렇게 하며 상대와 자신을 모두 살펴보라. 정적인 자세를 유지하는 훈련은 마음의 핵심적인 기능을 발달시키고 집중력을 늘려 준다. 화가 치밀어 오르거나 초조해지거나 약해지는 것이 느껴진다면 가슴을 곧게 펴 세우고 똑바로 서라. 그런 후 깊게 숨을 들이마시면 분노가 사라지고 조용한 차분함이 감싸는 느낌이 들 것이다.

초조하고 쉽게 짜증을 내는 사람과 어울리는 습관을 가지고 있다면 강력한 집중의 힘을 기를 때까지는 그러한 습관에서 벗어나라. 쉽게 짜증내고, 분노하고, 조바심 내고, 독단적인 사람은 악한 성향에 대한 당신의 저항성을 약화시키기 때문이다.

귀, 손가락, 눈, 발 등을 보다 잘 제어하도록 만드는 연습은 모두 마음을 안정시키는 데 도움이 된다. 눈이 정지되어 있으면 마음도 안정된다. 누군가를 연구하는 방법 중 하나는 몸의 움직임을 보는 것이다. 상대의 행동을 연구하는 것이 곧 마음을 연구하는 것과 동일하다는 사실에 기반을 두는 방법이다.

행동은 마음의 표현이다. 마음의 상태와 몸의 상태는 동일하다. 마음이 불편하고, 무분별하고, 변덕스럽고, 어지럽다면 행동 또한 똑같이 나타난다. 한편 행동이 안정되어 있다면 마음도 안정되어 있는 것이다. 집중은 마음과 몸 모두를 제어한다는 의미이다. 어느 하나를 빼놓고서 다른 하나의 통제력만 얻기란 불가능하다.

야망이 없어 보이는 사람 중 대부분은 게으른 마음가짐을 가지고 있다. 정적이고, 차분하고, 겉으로 보기에 자신을 잘 제어하는 듯 보이지만, 이것이 곧 잘 집중할 수 있음을 의미하지는 않는다. 이러한 사람은 에너지가 부족해서 게으르고, 비활동적이고, 느리고, 무기력하다. 그들이 자신에 대한 제어를 잃지 않는 것은 제어해야 할 마음의 힘이 별로 없기 때문이다.

그들의 행동이 정적인 이유 역시 적은 양의 에너지만을 가지고 있기 때문이다. 본래의 인간은 내적으로 강하고, 에너지가 넘치며, 힘이 가득해야 한다. 그러면서도 에너지와 힘, 기력, 사고, 몸의 움직임이 완전히 자신의 통제 아래에 놓이는 것이 진정한 모습의 인간이다.

누군가에게 에너지가 부족하다면 심리적인 에너지이든, 육체적인 에너지이든 간에 기를 필요가 있다. 자신이 다루거나 유지할 수 없는 에너지를 가지고 있다면 제어하는 방법을 배워야 한다. 사람은 원래 많은 것을 제어할 수 있지만, 의지를 가지고 있지 않다면 아무 소용도 없다.

몸을 건강히 가꾸는 것의 이점을 종종 듣지만, 진정한 이로움은 간과되는 경우가 많다. 일에 필요한 능력을 지속적이고 탄탄하게 유지시켜 주는 방법으로 몸의 운동보다 적당한 것은 없다. 이전에도 말했듯이, 몸을 제어하는 법을 배운다는 것은 곧 마음에 대한 통제력을 얻는다는 의미이기 때문이다.

집중을 통해
원하는 것을
얻는다

제목을 보고 무지한 사람은 이렇게 말할지도 모른다.

"어떻게 무언가를 원하는 것만으로 얻을 수 있지요?"

내가 하고자 하는 말은 '집중'을 통해서라면 무엇이든 원하는 것을 얻는다는 뜻이다. 어떠한 욕망이든 충족될 수가 있다. 하지만 실제로 충족될지는 전적으로 욕망을 실현하기 위해 집중하기에 달려 있다. 당연히 단순히 무언가를 바라기만 해서는 얻을 수 없다.

무언가를 바라기만 한다면 나약함을 드러내는 것이다. 실제로 손에 넣겠다는 확신을 갖지 못했음을 알려 주는 것이다. 그저 바라기만 하지 말라. 중세처럼 초자연적인 힘에 의지하는 '요정의 시대'에 살고 있는 것이 아니지 않는가. 공허한 망상을 할 때에도 뇌의 에너지는 가치 있는 생각을 할 때와 비슷한 수준으로 소모되고 만다.

당신의 욕망에 신중하라. 원하는 것에 대한 마음속 이미지를 그려 보고, 실제 손에 쥐어질 때까지 의지를 맞추어라. 방향키나 지침 없이 욕망이 떠돌도록 해서는 안 된다. 무엇을 원하는지를 파악하고 온갖 힘을 다하여 노력해야 성공한다. 당신이 맡은 일을 반드시 성취할 수 있다고 생각하라. 많은 사람이 여러 가지 일을 맡지만, 시작하면서부터 실패할지도 모른다는 생각을 하는 바람에 실패한다.

한 가지 예시가 있다. 한 남자가 물건을 사기 위해 상점을 찾아갔다. 가게의 점원은 '죄송합니다. 이곳에는 그 물건이 없네요'라고 말했다. 물건을 꼭 구하기로 단호하게 마음먹은 남성은 점원에게 혹시 구할 만한 곳을 아느냐고 물었다. 점원이 모른다고 하자 남자는 매니저를 불러 마침내 물건을 살 수 있는 곳을 알아내고야 말았다.

이것이 바로 원하는 것을 얻기에 집중하는 비밀이다. 기억하라! 정신은 모든 힘의 근원이다. 의지를 가진다면 무엇이든 성취한다. 승자의 정신을 보여 주는 말을 기억하라.

"나는 길을 찾고야 만다. 못 찾으면 내가 길을 만들겠다."

나는 현재 큰 은행의 간부를 맡고 있는 남성을 알고 있다. 그는 그곳에서 심부름꾼으로 일을 시작하였다. 그의 아버지는 'P' 자가 새겨진 단추를 만들어 그에게 달아 주고는 말했다.

"아들아, P는 언젠가 네가 은행의 대표president가 된다는 표시란다. 네가 내 생각을 마음속에 간직했으면 좋겠다. 매일매일 너를 조금 더 목표에 가까이 다가가게 해줄 무언가를 하려무나."

그의 아버지는 매일 저녁을 먹고 나서 아들에게 물었다.

"오늘은 꿈을 위해 무슨 일을 했니?"

이런 방법으로 그의 마음속에는 늘 아버지의 생각이 간직되었다. 그는 은행의 대표가 되는 꿈에 집중하였고, 실제로 이루어 내었다. 그의 아버지는 'P'가 무엇을 의미하는지 다른 사람에게 절대 알려 주지 말라고 당부했었다. 그의 동료 사이에서 P는 여러 의미로 왜곡되어 놀림의 대상이 되기도 했다. 동료들은 진짜로 무엇을 의미하는지 알아내려 애썼지만, 그가 마침내 대표가 되어 알려 주기 전까지는 알지 못했다.

'소망'에 정신적 힘을 낭비하지 말라. 그때그때 기분에 맞추기 위해 에너지를 분산하지도 말라. 정말로 가치 있는 무언가를 하기에 집중하라. 무언가에 악착같이 달라붙는 사람은 절대 실패하는 사람이 되지 않는다.

"힘은 노력에 힘쓰는 이에게 주어진다."

랄프 왈도 에머슨의 말이다.

하루하루의 성공은 대부분 당신 내부에 있는 힘의 질서에 집중하는 것에서 나온다. 집중을 이룰 때마다 내면의 힘을 일깨우기 때문이다. 내면의 힘을 매일 업무에 사용하면 지속적으로 성공적인 결과물을 보장해 줄 것이다. 이러한 능력을 사용하기 전까지는 내면의 힘을 한계까지 사용하는 법에 도달하지 못한 것이다.

위대한 우주는 수많은 힘으로 뒤엉켜 있다. 그 안에서 당신이 지위나 입지를 결정하게 된다. 그 지위가 중요한 자리인지는 당신에게 달린 문제이다. 절대 무너지거나 거스를 수 없는 우주의 질서에 의해 당신은 제시간 내에 올바른 일을 해낼 것이다.

진심으로 성취하기를 원하고, 그에 대한 대가인 노력을 지불할 준비가 되어 있는 일이라면 시작하기를 두려워할 필요가 없다. 무슨 일이든 옳은 일이라면 실현 가능하다. 반드시 일어나야만 하는 필수적인 일도 결국은 일어나기 마련이다. 올바른 일이라면 설령 온 세계가 옳지 않다고 생각할지라도 해야 할 의무가 있다.

"신과 함께라면 우리는 언제나 승리한다."

좀 더 쉽게 말하자면 전능한 우리 내부의 질서가 바로 신이다. 당신의 행동 근거가 정의롭다면 이 신의 존재로 인하여 온 세계를 상대로 승리할 수 있다. 올바르고 원하는 일이라면 무엇이든 해낸다. 그저 자신에게 말하라.

"나는 할 수 있다. 나는 할 것이다. 나는 해야만 한다."

이것만 기억하면 나머지는 간단하다. 당신에게는 계획을 방해하는 것을 물리칠 잠재적인 힘과 능력이 있다.

"내 삶의 곤경과 의무들이 잇따라 몰려오도록 해 달라. 나는 준비가 되어 있다. 나의 영혼은 정복될 수 없다. 나는 전 우주적 힘들의 무한한 질서를 대표한다. 내 안에 있는 이 신이야말로 나의 강인함이고, 어떠한 곤경의 시기에도 함께하는 조력자이다.

더 많은 곤경을 맞을수록 내가 이뤄 내는 승리도 클 것이다. 시련이 더욱 고단할수록 나의 내적 강인함을 더욱 빠르게 기를 것이다. 다른 모두가 나를 외면해도 좋다. 내 안의 의지야말로 충분한 모든 것이다. 마지막에는 올바른 것이 이긴다. 나는 지혜와 지식의 힘을 추구하며 올바른 것을 따른다. 나의 숭고한 자아는 절대적으로 현명하다. 나는 이제 자아 가까이 도달할 것이다."

집중, 어떤 일이든 성과를 만드는 조용한 힘

우선 생각이 얼마나 강력한지를 당신이 깨달았으면 한다. 공포에 대한 생각은 하룻밤 사이에 머리를 회색빛으로 바꾸어 놓기도 한다.

사형 선고를 받은 죄수가 있었다. 그는 어느 날 실험에 참가하여 살아남으면 자유의 몸이 되게 해주겠다는 제안을 받았다. 물론 죄수는 동의했다. 실험자는 사람이 얼마나 많은 피를 흘려야 죽는지 알아보기 위한 실험을 준비했다. 그는 다리에 낸 상처에서 피가 떨어지도록 실험을 설계했다고 죄수에게 이야기해 주었다. 사실은 피가 하나도 흐르지 않도록 아주 작은 상처만을 냈다. 방의 불은 꺼져 있었고, 죄수는 근처에서 물이 떨어지는 소리를 들어야 했다. 죄수는 실제로 자기 다리에서 피가 떨어지는 소리라고 생각했다. 다음 날 아침 그는 마음의 공포로 인해 죽은 채 발견되었다.

두 사례가 약간이나마 생각의 힘을 깨닫는 데 도움이 될 것이다. 생각의 힘을 완전히 깨닫는 것은 무척이나 유익하다. 집중된 생각의 힘을 통해 원하는 무엇이든 될 수 있다. 생각만으로 당신의 효율성과 강인함을 월등히 증가시킬 수도 있다.

당신은 수많은 종류의 생각으로 둘러싸여 있다. 몇몇은 좋은 생각, 몇몇은 나쁜 생각이다. 긍정적인 마음의 태도를 만들어 두지 않는다면 후자인 나쁜 생각까지도 품게 될 것이 분명하다. 쓸모없는 감정인 불안, 걱정, 낙담, 좌절, 잘 제어되지 않은 마음에 의해 나타나는 다른 감정을 공부해 본다면 생각을 조절하기가 얼마나 중요한지 깨달을 것이다. 생각은 당신이 어떤 사람인가를 결정한다.

나는 거리를 걸으며 서로 다른 사람의 얼굴을 유심히 보면 삶을 어떻게 살아왔는지 알 수 있다. 거울에 비친 물체의 상이 보이듯이 모두 얼굴에 드러난다. 그들의 표정을 보고 있자면 얼마나 많은 사람이 헛되게 인생을 살아왔는지에 대한 추측을 멈출 수가 없다.

생각의 힘을 이해하면 이전에 꿈도 꾸지 못한 가능성을 일깨워 줄 것이다. 당신이 무엇을 생각하는가가 환경과 친구를 결정한다. 생각하는 방식이 바뀌면 그것들도 바뀐다. 별로 실용적인 가르침이 아니라고 생각하는가?

좋은 생각은 건설적이다. 나쁜 생각은 파괴적이다. 올바른 일을 하려는 욕망은 엄청난 힘을 함께 가지고 온다. 나는 당신이 생각의 중요성을 완전히 깨닫기를 원한다. 가치 있는 생각을 하면 마치 투명한 선으로 이어진 것처럼 당신에게 영향을 준다는 사실을 이해하기를 바란다.

당신의 생각이 숭고한 성격을 띠고 있다면 비슷한 정신적 자질을 가진 사람과 이어져 자신에게 큰 이로움을 준다. 교묘한 생각이라면 당신 주위로 교묘한 사람들을 끌어들이게 되고, 그들은 당신을 속이려 들 것이다. 당신의 생각이 정의롭다면 함께 있는 사람에게 자신감을 불어넣을 수 있다.

당신도 다른 사람의 올바른 의지를 마주하면서 강인함과 자신감을 기를 수 있다. 그리하여 머지않아 당신 생각의 고귀한 가치를 깨달을 것이다. 주위 환경이 아무리 험난하더라도 당신은 평온히 지낼 수 있다는 것을 알게 된다.

정의롭고 올바른 의지에 관한 생각은 특정한 종류의 사람과 조화롭게 연결되도록 만들어 준다. 그들은 함께 세상의 아름다운 가치를 가꾸어 가면서 도움을 필요로 할 때 손길을 내밀 것이다. 누구나 몇 번씩은 도움을 필요로 하기 때문이다.

이제 생각을 올바르게 갖는 것이 왜 중요한지 알게 되었을 것이다. 다른 사람이 당신에게 믿음을 갖도록 하는 것은 필수적이다. 두 사람이 처음 만난다면 서로를 유심히 살펴본 시간이 별로 많지 않은 상태이다. 둘은 평소에 믿어 온 본능에 따라 서로를 받아들이거나 거부한다. 좋은 생각을 가진 사람은 좋은 사람만 받아들이고, 좋은 사람으로 받아들여지는 것이다.

모르는 사람을 만났는데 태도가 의심을 불러일으킨다고 해보자. 왜 그런 느낌이 드는지는 알 수가 없지만, 무언가가 말을 거는 듯이 느껴진다. '그와 엮여서는 안 돼. 나중에 굉장히 후회할 거야'처럼 말이다. 그의 나쁜 생각이 나쁜 태도와 행동을 이끌어 내었고, 나도 모르는 사이에 본능이 간파한 것이다.

생각이 행동을 만든다. 당신의 생각에 신중하라. 삶의 모습은 당신이 품고 있는 생각에 의해 결정된다. 생각은 언제나 영적인 힘을 지니고 있다. 가치 있는 생각이라면 세상의 좋은 것을 별다른 노력 없이 쉽게 곁으로 끌어들인다.

정원에 햇빛이 찬란하게 비치지만, 가끔 실수로 햇빛을 차단하는 나무를 심어 버리는 경우가 있다. 이와 같이 우리를 돕는 햇빛과 같은 보이지 않는 힘이 존재한다. 그리하여 나무를 심어 그늘을 만들어 버리는 행동처럼 힘을 차단하려 하지만 않는다면 조용하게 작용하는 힘으로부터 도움을 받는다. 결국 '뿌린 대로 거두는 법이다.'

집중하여 개발하기만 한다면 생각할 수 있는 어떠한 기쁨보다도 큰 기쁨을 가져다주는 힘들이 있다. 오늘날 대다수의 사람은 삶을 바쁘게 헤쳐 나가면서 찾아 헤매는 것을 자기 손으로 쫓아 보내고 있다. 집중을 통해 삶을 혁신적으로 바꿀 수 있고, 큰 노력 없이 무한히 많은 것들을 성취할 수 있다. 자신의 내면을 살펴보라. 우리의 역사 속 어느 것보다 위대한 '기계'를 발견할 것이다.

현명하게 말을 하는 법은 무엇인가. 현명하게 말하려면 최소한 부분적으로나마 현재 이야기하는 주제나 대상에 능력과 힘을 집중해야 한다. 밖으로 말을 꺼내는 행위는 마음의 집중력을 흐트러뜨린다. 주의를 외부로 분산시키기 때문이다. 이는 무의식적인 정신의 깊은 침묵, 즉 깊은 사고와 잠재력에서 나온 소리 없는 힘들의 원천인 정신과 비교해 보면 상당히 다른 속성을 가진 행위이다.

현명하게 말하려면 우선 침묵을 유지하는 것이 필수이다. 정말로 깨어 있고, 차분한 상태이며, 까다로운 상황에서도 현명하게 말하는 이는 먼저 침묵 속에서 연습을 해본 사람이다. 대부분은 침묵이 무엇인지도 제대로 알지 못한다.

침묵의 상태로 들어가기가 쉽다고 생각하지만 사실이 아니다. 진정한 침묵 속에서 우리 안의 우주적 질서와 합치된다. 그래야 우리 안의 힘도 조용해진다. 그 힘은 보다 높은 위상의 상태, 쉽게 말해 외적 기관인 귀가 들을 수 있는 파동의 형태로 나타나는 평범한 소리들 너머의 차원에 존재하기 때문이다.

평범함을 넘어서고 싶어 하는 사람이라면 전능한 절대적 규칙으로 향하는 자기 내부의 '길'에 귀 기울이기 위해 마음을 열어야 한다. 오직 지속적이고 사려 깊게 생각을 집중하는 연습을 통해서만 이룰 수 있다. 다음과 같은 생각을 마음에 품어라.

"나는 침묵 속에서 보다 숭고한 자아가 나를 제어하도록 둘 것이다. 나는 보다 숭고한 자아에 진실해질 것이다.

나는 옳다고 생각하는 것에 맞게 참되게 살 것이다. 최선을 다해 사는 삶이 나에게도 이익이 된다는 것을 안다. 나는 지혜를 갈망한다. 그리하여 내가 자신과 다른 이들에게 현명하게 행동하기를 갈망한다."

다음 장에서 나는 여러분에게 신비한 법칙을 알려 줄 것이다. 협력적인 생각의 힘으로 인류를 하나로 묶어 주고, 우리를 서로의 동반자이자 친구로 만드는 법칙이다.

집중된 생각이
어떻게 **인류**를
하나로 이어 주는가

소망의 실현은 당신의 힘에 달려 있다. 성공도 당신이 어떤 식으로 생각하는가에 의해 결정되는 결과물이다. 어떻게 생각하면 성공을 얻을지 이제부터 알려 주겠다.

성공을 끌어당기고 좌우하는 힘은 당신 안에 있다. 성공과 당신을 갈라놓는 장애물은 전부 당신의 통제로 해결할 수 있다. 당신에게는 생각하는 무한한 힘이 있다. 이 힘은 당신의 모든 것을 아는 근원과 당신을 이어 주는 연결 고리이다. 성공은 특정한 사고방식이나 마음의 분위기에 의해 결정된다. 이러한 분위기는 당신에 의해 제어되고, 당신의 의지에 따라 얼마든지 형성될 수 있다.

초라한 유기물에서 지금 우리의 모습으로 진화해 온 것은 생각하는 힘이 있었기 때문이다. 이 힘은 절대 우리를 떠나지 않을 것이다. 계속하여 보다 완벽한 상태에 도달할 때까지 우리를 재촉할 것이다. 진화함에 따라 우리가 만들어 내는 새로운 욕망은 모두 이루어질 수 있다. 욕망을 지배하고 성취하는 힘은 당신 안에 있다. 욕망을 막아서는 장애물 역시 당신 안에 있다. 그것은 '무지ignorance'라는 이름의 장애물이다.

집중된 생각은 겉보기에 실현 불가능한 것을 성취시켜 주고, 우리의 깊은 열망들을 찾게 해준다. 동시에 당신을 가로막는 장애물을 무너뜨리는 순간 새로운 열망이 깨어날 것이다. 당신은 의식적으로 생각을 건설해 나가는 과정을 경험하게 될 것이다.

깊은 집중을 통해 전능한 질서의 생각과 이어질 수 있다. 이 사실을 깨닫는다면 당신의 한계에 관한 오래된 믿음을 부수게 된다. 또한 당신이 앞으로 나아가는 것을 방해하는 두려움, 부정적이고 파괴적인 생각의 힘을 쫓아낼 수 있다. 그것을 쫓아낸 자리에 앞으로의 모험이 모두 성공하리라는 강한 확신을 세워 나갈 것이다.

어떻게 집중해야 할지와 어떻게 생각을 보다 깊게 만들지를 배운다면 마음의 창조물을 모두 통제하게 된다. 당신의 물리적 환경을 올바르게 가꾸어 나가는 일을 도울 것이고, 마침내 당신의 환경을 지배하여 '왕국의 지배자'와도 같은 사람이 될 것이다.

삶을 원하는 것으로 채워 나가는 일은 원하지 않는 것으로 채워 나가는 만큼이나 쉽다. 마찬가지로 당신의 의지에 의해 결정된다. 올바른 것을 추구하기만 한다면 막을 장벽 따위는 존재하지 않는다. 만일 옳지 못한 것을 선택하여 추구한다면 전능한 질서의 계획에 반대하는 입장에 서게 된다. 당연히 실패하고 만다.

당신의 욕망이 정의와 올바른 의지를 토대로 한다면 맞서 싸워야 하는 장애물 대신에 온 세상의 보편적인 흐름이 만드는 힘의 도움을 받게 된다. 그렇게 되면 비록 처음에는 명료하게 풀리지 않아 보여도 마지막에는 성공으로 끝나리라는 사실을 신뢰하게 된다.

절대 일시적인 상황에 대한 생각을 멈추지 말고, 마지막에는 성공하게 될 것이라는 굳건한 확신을 유지하라. 신중하게 계획을 세우되, 보편적인 정의의 흐름에 거스르지 않는다는 점을 확인하라. 기억해야 할 중요한 부분은 분노나 두려움처럼 파괴적이고 대립적인 힘이 가까이 오지 못하도록 해야 한다는 것이다.

신성한 생각의 법칙과 조화를 이루는 당신의 생각과 명분이 바르다는 진정한 확신에서 우러나오는 신념만큼 강력한 힘은 없다. 당신의 행동이 정의롭지 않은 근거 위에 놓여 있다고 할지라도 때로는 무언가를 성취한 듯이 보일 수는 있다. 하지만 일시적인 성과이기에 시간이 지나면 당신의 사고를 전부 해체해야 한다. 그 후 정의로운 기반 위에 당신의 생각을 다시 쌓아 올려야 할 것이다.

진실하지 않은 계획은 불안정한 흔들림을 만들어 내어 스스로 무너지는 경향을 가진다. 올바른 계획을 세울 수 있기 전까지는 시도하지 말라. 다른 헛된 계획을 세워 봤자 그저 시간 낭비에 지나지 않는다. 설령 올바르게 행동하려는 열망을 옆으로 밀어 두고 다른 계획에 한눈을 팔더라도, 올바른 계획의 진실한 울림이 정의롭지 못한 계획을 방해할 것이다. 이 울림은 당신의 힘을 올바르게 사용할 때까지 계속해서 당신을 끌어당길 것이다.

행동의 근거들이 정의롭다면 마침내 성공을 가져다준다. 일시적으로는 실패하더라도 말이다. 모든 것이 적대적으로 흘러가는 듯한 시간 속에 놓이더라도 공포를 진정시켜라. 파괴적인 생각을 전부 머릿속에서 쫓아내라. 당신의 도덕적이고 영적인 삶의 긍지를 지켜 나가라.

"뜻이 있는 곳에 길이 있다."

주위의 보조적인 힘의 도움을 받을 수만 있다면 우리의 의지는 스스로 길을 만들기 때문이다. 그러한 의지가 더욱 발달될수록 보다 위대한 길로 우리를 이끈다.

모든 것이 우울해 보이고 좌절을 안겨 준다고 느낀다면 당신이 무슨 자질로 이루어져 있는지를 알 수 있는 기회의 시간이다. 자신의 기분을 제어하여 분위기를 차분하고 평온하며 밝게 만들면 풍요가 당신 것 같은 기쁨을 느끼게 된다.

"성공을 위한 생각의 씨앗을 뿌릴 때는 진실된 태도를 가져라. 태양이 멈추지 않고 빛날 것이고, 계절이 돌아오면 관대하게 수확물을 주리라는 절대적인 믿음을 가져라."

성공에 깊이 몰두하라. 성공을 쟁취하는 것이 언제나 모험적이고 열심히 뛰어다녀야 한다고 생각할 필요성은 사라진다. 몸이 활동을 멈추는 만큼 마음이 자유로워져서 새로운 생각을 찾아내기 때문이다. 새로운 생각은 기회를 보다 크게 만들어 준다. 진정으로 무언가에 몰두해 있다면 이미 이전에 만든 경로를 통해 생각의 흐름을 펴 나가는 것이다.

매번 생각의 경로를 만드는 노력은 사라지고, 생각은 전혀 어렵지 않게 된다.

부정적인 기분에 놓인다면 당신의 직관은 더욱 활발히 활동한다. 당신은 의지를 통해 자신의 생각을 긍정적으로 바꾸기 위해 제어하게 된다. 모든 것은 직관의 허가를 거쳐야 한다. 의지를 이용하는 만큼 직관 또한 활발히 움직인다.

부정적인 기분에 놓이면 친화력의 법칙이라는 자연 질서에 따라 비슷한 성질을 가진 부정적 생각을 끌어들이게 된다. 스스로 성공에 대한 생각을 형성하는 일이 중요하다. 성공에 대한 여러 가지 다른 생각을 끌어들이기 때문이다. 이전에 한 번도 공부해 본 적이 없다면 내 말을 전부 엉터리라고 여길지도 모르겠다. 하지만 생각의 흐름이 존재하여 비슷한 성격의 생각을 분명히 끌어당긴다.

실패를 생각하는 사람은 실제로 근심, 불안, 조바심 때문에 실패를 불러들이는 경우가 많다. 위와 같은 생각이나 감정은 당연히 실패를 불러일으키지 않겠는가. 일단 생각의 법칙을 배우고 나서 오직 좋은 것, 참된 것, 성공 등만 생각해 보라. 이전에 들였던 노력보다도 훨씬 적은 노력으로 더 많은 진보를 이룰 것이다.

우리의 정신을 도와주는 어떤 힘이 있다. 일반적인 사람은 한 번도 생각한 적이 없을 것이다. 좋은 생각에서 나오는 힘은 분명 존재한다. 생각의 가치와 질서를 믿는 것을 배운다면 그 힘이 당신을 올바르게 이끌어 주어 두 배로 번창할 것이다.

다음과 같은 방법을 사용하면 자신의 생각을 제어하는 데 도움이 된다. 공포를 제어하기가 어려워지면 흔들리는 당신의 결의에 대해 다음과 같이 말하라.

"흔들리거나 두려워하지 말자. 나는 혼자가 아니다. 나는 해가 되는 것을 없애도록 도와주는 보이지 않는 힘의 보호를 받고 있다."

그러면 금세 당신은 용기를 찾을 것이다. 용감한 이와 겁 많은 이의 유일한 차이는 의지와 희망에 있다. 지금 성공을 맛보고 있지 않다면 앞으로의 성공을 믿고, 소망하고, 요구하라. 단순한 성공 외에도 열망, 포부, 상상력, 미래에 거는 기대, 야망, 이해, 신뢰와 확신 등을 늘리기 위해서 같은 방법을 사용할 수도 있다.

초조해지거나, 화가 나거나, 좌절하거나, 우유부단하거나, 근심을 갖게 된다면 이는 마음이 가지는 힘의 숭고한 도움을 당신이 받지 못하고 있기 때문이다. 주위 환경이 당신에게 영향을 주도록 내버려 두는 대신, 의지에 따라 얼마든지 마음의 힘을 정돈하여 자신의 기분을 원하는 대로 바꿀 수 있다.

'음식을 먹거나 길을 걷다 무언가를 보면 그 대상에 집중해야 한다'고 충고하느냐는 질문을 최근에 받은 적이 있다. 내 대답은 이렇다. 당신이 무엇을 하고 있든 집중을 연습하려는 시간에는 오직 그 행동에만 집중하라. 당신의 불필요한 행동을 제어할 수 있어야 한다. 그렇지 못하면 마음의 능력에 집중하는 습관이 형성되지 못한다. 대신 굉장히 극복하기 힘든 나쁜 습관만 만들어지고 만다.

마음의 능력이 한순간에 흩어졌다가 다시 한순간에 정돈되는 경우가 있어서는 안 된다. 작은 일을 한다고 마음이 마음대로 움직이도록 내버려 두지 말라. 마음이 골칫덩이가 되어 중요한 일을 할 때 필요한 집중도 어렵게 만들어 버린다.

집중할 수 있는 사람은 즐거우면서도 '바쁜' 사람이다. 다만 아무리 바빠도 시간에 끌려다니지 않는다. 언제나 무언가를 할 시간이 충분하다. 다만 자신의 과거 실수를 되돌아보고 슬퍼할 시간이 없을 뿐이다.

많은 좌절과 실패에도 불구하고 다시 딛고 일어나 계속해서 운명을 추구하라. '생명과 진리, 전류와도 같은 신비한 힘'이 삶에 스며들어 도울 것이다. '본래 우리에게 주어진 영원한 자리'에 도달할 때까지 말이다.

충분히 훈련되지 않은 이상 우리의 의지가 명료하고 결단력 있고 신속하게 무언가를 해내지는 못한다. 자신이 하루하루 매 순간에 무엇을 하고 있는지를 분명하게 아는 사람도 얼마 되지 않는다. 자신이 무엇을 하고 있는가를 체계성과 정확성을 가지고 바라보려 하지 않기 때문이다.

집중을 연습하라. 평온한 신중함으로 명료하고, 즉각적이고, 결단력 있게 생각하도록 훈련해야 한다. 그러면 자신이 매 순간 무엇을 하고 있는지를 쉽게 알게 된다. 지금 하고 있는 일을 걱정하거나 서두르려 하면 마음속 감각의 틀에 사진처럼 담기지 않는다. 실제로는 당신의 행동을 의식하지 못하는 셈이다. 따라서 생각에 있어 정확성과 집중력, 순수한 참됨을 기르도록 훈련하라. 그러면 금세 집중하는 힘을 얻는다.

나는 왜
시간이 늘 모자랄까?

2장

왜
집중해야 하는가?

무언가 하려는
의지를
훈련하라

무언가를 하려는 의지는 인간의 성취와 관련된 힘 중 가장 강력하며, 누구도 감히 한계를 이야기하지 못한다. 오늘날 하고 있는 일 중 몇 가지는 아마 이전 시대에는 불가능하다고 말했던 것들이다. 이를 미루어 다가올 미래를 생각해 본다면 오늘날에는 차라리 다음과 같은 말이 오히려 맞다.

"모든 것이 가능하다."

무언가를 하려는 의지는 매우 실용적이지만, 과연 의지가 정확히 무엇인지 설명하기란 어렵다. 의지는 전기에 비유될 수 있다. 전기와 마찬가지로 인간은 오직 인과 관계를 통해서만 존재를 파악할 수 있기 때문이다. 전기가 없으면 기계가 멈추고, 전기가 들어오면 기계가 움직인다. 의지가 없으면 인간은 멈추고, 의지가 있으면 인간은 움직인다.

의지는 우리가 다룰 수 있는 힘이다. 얼마나 다룰 수 있느냐가 미래를 결정짓는다. 무언가를 성취할 때마다 당신은 의식적으로든 무의식적으로든 의지라는 원리를 이용한 것이다. 무슨 일이 옳든 나쁘든 우리는 하려는 의지를 가질 수 있다. 의지를 어떤 방향으로 쓰는가가 우리의 삶에 큰 차이를 가져오는 것이다.

사람에게는 저마다 '하려는 의지'가 있다. 의식적인 활동은 모두 제어하는 내적인 힘이다. '무엇을 하려는가'가 당신 생명의 힘을 좌우한다. 좋고 나쁜 습관 역시 당신이 무엇을 하려는가에 의해 결정된다. 그리하여 당신은 삶의 질을 높일지 낮출지를 스스로 정하는 것이다. 당신의 의지는 온갖 종류의 지식과 활동, 성취와 연결되어 있다.

아마도 몇몇 사람이 극한의 상황에서 엄청난 힘을 보여준 이야기를 들어 보았을 것이다. 어느 날 한 농부의 집에 불이 붙었다. 하필 농부의 아내밖에 없었다. 그녀는 집 안의 물건들을 서둘러 밖으로 옮겨야 했다. 주위에는 도와줄 만한 사람이 아무도 없었다. 그녀는 그냥 노쇠한 여성이었고, 평소에는 굉장히 약한 모습을 보여 왔다. 그러다 이런 상황을 마주하자 그녀는 장정 3명이 옮겨야 할 물건들을 밖으로 꺼내었다. 물론 '하려는 의지' 덕분이었다.

천재성이란 아무리 사소한 것일지라도 무한한 고통, 즉 많은 노력을 들여 하려는 의지를 의미한다. 사소한 것일지라도 성실하게 수행해 내면 보다 큰 것을 성취할 기회의 문이 열린다.

의지는 목표를 성취하기까지 과업을 끊임없이 쥐고 있을 정도로 자발적인 주의력을 가진 커다란 집중에서 나오는 활동을 통하여 위대한 성과를 이루어 낸다. 자율적으로 주의를 모으는 법을 배우고 사용하면 의지는 강력한 힘을 갖는다. 의지를 제대로 사용하기만 한다면 거의 모든 것을 달성한다. 그 어떤 물리적인 힘보다도 강하다. 물리적인 대상뿐만 아니라 정신적, 도덕적 힘까지도 지배할 수 있는 힘이기 때문이다.

완벽하게 개발되고 균형 잡힌 의지를 가진 사람은 세상에 얼마 되지 않는다. 일단 그러한 의지를 갖춘 사람은 쉽게 약한 자질을 극복한다. 자신에 대해 깊이 공부하라. 제일 큰 당신의 약점을 찾아내어 의지의 힘으로 극복하라.

그렇게 하여 마침내 강인한 성격과 인격을 갖추게 될 때까지 당신의 과오를 하나하나 지워 나가도록 하라.

향상을 위한 규칙이 있다. 우선 마음속에 하나의 욕망이 고개를 든다고 해보자. 과연 당신에게 유리한 상황일지 생각해 보라. 나쁜 욕망이라면 의지를 사용하여 없애라. 한편 유리한 욕망이라면 자신을 위해서라도 의지를 전부 동원하여 지켜 내라. 당신을 가로막는 장애물을 부수고 바람직한 욕망을 쟁취하라.

천천히 내리는 의사 결정은 의지의 부족을 의미한다. 당신도 무언가를 해야 한다는 점은 알지만, 결단력이 부족해서 결정을 미루게 된다. 무언가를 하지 않기란 무언가를 하기보다 쉽다. 우리의 양심은 무언가를 하라고 이야기함에도 말이다. 대다수의 사람은 무언가를 해야 할 시기에 결단의 부족으로 실패한다. 반면 성공적인 사람은 빠르게 결정을 내려 주어진 기회를 움켜쥔다. 이러한 의지의 힘은 문화, 부, 건강을 가져오기 위해 사용될 수 있다.

몇 가지 특별한 조언이 있다. 다음 주에는 당신의 일상생활에서 보다 빠르게 결정을 내리도록 노력해 보라. 당신이 일어나고 싶은 시간을 정해 두고 정확히 눈을 떠라. 무언가 당신이 해야만 하는 일이 있다면 제시간이나 그보다 일찍 행하라.

물론 중요한 일에는 어느 정도 신중함을 가하고 싶을 것이다. 하지만 작은 일에서 계속 빠르게 결정을 내리다 보면 큰일에서도 빠르게 결정하는 능력을 얻는다. 절대 꾸물거려서는 안 된다. 설령 틀린 선택을 하게 될지라도 빠르게 선택하라. 한 주에서 두 주 정도 연습해 보고 얼마나 발전했는지 확인하라.

진취성의 부족도 성공을 막는 요인이다. 그런 사람은 다른 사람이 하는 대로 따라 하는 습관에 빠져 있다. 우리는 종종 이런 표현을 듣는다.

"그는 매우 똑똑해 보이지만, 진취성이 부족해."

그런 이에게 인생은 그저 하나의 따분한 과정이 된다. 매일매일 똑같고 단조로운 의무의 연속으로 차 있는 하루를 보내고 만다. 새로운 목표를 향해 떠나는 이가 진취성을 통해 보다 알찬 인생을 누리는 동안 말이다. 진취성, 즉 자신을 위해 새로운 생각을 품거나 새로운 행동에 도전하는 능력의 부족만큼이나 가난에 빠지는 주된 요인은 없다.

당신은 그 누구만큼이나 뛰어나다. 당신에게도 의지가 있다. 의지를 사용한다면 삶에 주어진 귀중한 것을 누리게 된다. 귀중한 것을 누릴 수 있도록 의지를 사용하라. 다른 누군가의 도움을 빌려서는 안 된다. 혼자만의 싸움을 해 나가야 한다. 온 세계는 맞서 싸우는 자의 편에 서며, 싸움을 피하는 겁쟁이를 경멸한다. 사람들이 마주한 문제는 각각 달라서 나는 겨우 다음과 같이 말할 뿐이다.

"당신의 기회와 둘러싼 환경을 유심히 분석하고, 당신에게 주어진 능력을 연구하라."

자기 계발을 위한 계획을 세우고 실천에 옮겨라. 단순히 '나는 앞으로 이런저런 일을 할 예정이야'라고 말만 해서는 안 된다. 계획을 '실천'에 옮겨라. 불확정적인 계획을 세우지 말고, 확실한 계획을 만들어라. 목표가 달성되기 전까지는 절대 포기해서는 안 된다.

참된 성실함으로 나의 제안을 행동에 옮긴다면 곧 놀라운 결과를 마주하게 된다. 당신의 인생 전체가 완전히 바뀔 것이다. 순수한 동기 부여를 위한 훌륭한 좌우명을 하나 소개한다.

"나의 의지를 통해 내가 하고 싶은 것을 한다."

당신은 이 확언이 굉장히 강력한 힘을 가지고 있다는 사실을 알게 될 것이다.

인내의 정신이 필요하다. '빈대처럼 달라붙는' 정신은 우리를 승리로 이끈다. 많은 사람이 아주 멀리 나아갔으면서도 쉽게 포기해 버린다. 조금만 더 참고 버텼더라면 승리했을 것이다. 그들은 진취성을 가지고 있지만, 하나의 대상에 집중하는 대신 여러 경로로 분산시킴으로써 효력을 잃도록 만든다.

조금 더 결단력을 길러라. 결단력이란 무언가를 하고자 하는 의지를 의미한다. 무언가를 시작한다면 원하는 결과를 얻을 때까지 달라붙어라. 물론 무언가를 시작하기 전에 먼저 앞을 내다보라. 그것이 어디로 이끌어 줄지 살펴보는 것도 필수적이다. '어딘가로' 데려다주는 여정을 선택해야지, '아무것도 아닌 곳'으로 향하는 여정을 선택해서는 안 된다. 그 여정은 어느 정도 생산적인 결과물을 내야 한다는 말이다.

이런 견지에서 수많은 젊은이의 한 가지 문제점은 미래가 보이지 않는 일을 마구 벌린다는 점이다. 시작점은 결과만큼 중요하게 작용하지 않는다. 사소한 발걸음조차도 목표에 가까이 다가가도록 도와야 한다. 물론 목표는 일을 벌이기 전에 미리 도달하고자 계획해 둔 명확한 곳이어야 한다.

인내의 부족은 의지 그 자체의 부족에 비하면 아무것도 아니다. 사실 '나는 계속할래'라고 말하는 것과 '나는 포기할래'라고 말하는 행위는 거의 비슷한 양의 에너지만 소비한다. 그러나 후자의 말을 입에 담는 순간 당신 안의 발전기 전원을 내리는 것이다. 그러면 결단력도 사라진다. 매번 자신의 결단이 무너지도록 허용할 때마다 당신의 결단력은 점점 약해진다. 이것을 잊지 말라. 당신의 결단력이 점차 약해지고 있다는 점을 느끼면 그 순간 바로 집중하여 순수한 의지로 스스로 계속하도록 만들라.

마음이 평온한 상태가 아니라면 절대 결정을 내리지 말라. '조급한 상태'에서 결정을 내리면 아마도 나중에 후회할 말을 하게 될 것이다. 한편 분노에 차 있는 상태에서는 이성보다 충동을 따른다. 자신의 내적인 힘을 완벽하게 제어하지 못하고 있는 상태에서 결정을 내린다면 누구라도 성공을 거머쥐리라 기대할 수 없다.

최상의 상태일 때에만 결정을 내린다는 규칙을 확실히 정하라. '조급한 상태'에 놓이더라도 그저 숫자를 거꾸로 세는 간단한 방법으로도 쉽게 자기 통제를 찾는다. 뒤로 숫자를 세는 것은 집중을 필요로 한다. 덕분에 평온한 상태를 되찾는다. 이러한 방법으로 '성급함의 습관'에서 벗어날 수 있다.

마지막으로 분노에 가득 차 있는 동안 무슨 말을 했고, 무슨 생각을 했는지 돌이켜 생각해 보라. 아주 많은 도움이 될 것이다. 화가 난다면 자신을 타인이 바라보는 것처럼 느낄 때까지 우선 인내하라. 상황을 이야기로 만들어 당신의 행동을 객관적으로 평가하는 입장에서 보는 것도 손해 볼 방법은 아니다.

의지를 기르기 위한 몇 가지 특별한 가르침이 있다. 의지는 심리적인 에너지의 형태를 띠고 있다. 다만 의지를 드러내려면 올바른 마음의 태도를 가지는 것이 필요하다. 종종 '아무개는 엄청난 의지를 가지고 있다'는 이야기를 듣곤 하지만, 틀린 이야기이다. 옳게 말하자면 '다른 사람은 의지를 잠재적인 능력으로만 남겨 두는 반면, 아무개는 의지를 사용할 줄 안다'고 말해야 한다.

누구도 의지라는 힘에 대한 독점권을 행사하지 않는다. 모두에게 의지는 충분하다. 여기서 이야기하는 의지란 마음의 힘과 집중력을 한 점에 모아 놓은 것에 불과하지 않는가. 따라서 다른 사람이 당신보다 강한 의지를 가지고 있다고 생각하지 말라. 사람들은 자기가 필요로 하는 만큼의 의지력을 갖는다. 더군다나 당신의 의지를 지속적으로 사용해 준다면 따로 매번 의지력을 길러야 할 필요도 없다.

의지를 사용하는 방식이 당신의 운명을 결정한다는 사실도 기억하라. 삶의 모습은 대부분 의지를 사용하는 방식에 의해 형성된다. 올바르게 사용하지 않으면 당신에게는 자율성도, 결단성도 없는 셈이다. 당신은 자신을 제어할 수 없게 되어 다른 이들에게 이용당하는 기계가 되고 만다.

의지를 사용하는 방법을 배우기는 지성을 개발해 나가기보다 중요하다. 자신의 의지를 사용하는 법을 배우지 못한 사람은 스스로 결정을 내리는 일이 드물다. 그래서 그의 결정이 타인에 의해 번복되는 상황을 허용한다. 그는 한 의견에서 다른 의견으로 이리저리 옮겨 다니며, 당연히 평범한 수준 이상은 성취해 내지 못한다. 의지를 다루는 법을 훈련받은 동료가 세계의 지도자로 자리 잡는 동안 계속해서 그렇게 된다.

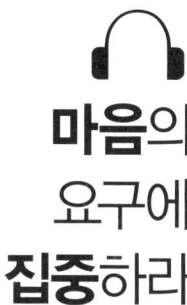

마음의 요구에 집중하라

'마음의 요구'는 무언가를 성취하기 위한 잠재적인 힘이 된다. 마음의 태도는 표정에 영향을 미치고, 행동을 결정하며, 육체적 상태를 바꾸어 삶 전반을 통제한다. 나는 성과를 달성하도록 도와주는 소리 없는 힘을 말로만 설명하려 들지는 않을 것이다. 아마도 당신은 추구하는 것을 얻도록 마음의 힘을 기르고 싶어 할 것이다. 이것이 바로 내가 당신에게 가르치고 싶은 내용이기도 하다.

집중된 마음의 요구에는 놀라운 힘과 잠재력이 깃들어 있다. 다른 힘처럼 어떤 질서에 의해서 통제된다. 다시 말해, 다른 힘처럼 지속적이고 체계적인 노력으로 비약적인 증가를 이룰 수 있는 힘이다.

마음의 요구는 정신에 깃들어 있는 힘에 의해 이루어져야 한다. 또한 활용 가능한 자원이 마음의 요구를 실현시키는 데 이용되어야 한다. 당신에게는 무언가를 엄청나게 강렬히 열망함으로써 방해되는 생각을 밀어낼 능력이 있다. 원하는 결과를 얻을 때까지 단 하나에 집중하는 법을 연습한다면 무엇이든 얻어 내는 '의지'를 기르게 된다.

평범한 일밖에 할 수 없다면 당신은 평범한 무리의 일원으로만 여겨질 것이다. 일단 다른 사람보다 조금이라도 앞서게 되면, 바로 그 순간 당신은 성공한 삶을 산 사람의 무리에 합류한다. 정말로 평범하지 않은 '특출함'을 얻기를 원한다면 평범한 사람들이 해내는 이상을 해내야만 한다. 당신이 열망하는 것에 집중하고, 의지와 최선의 노력을 담으면 손쉽게 이룰 수 있다. 경주를 이기는 사람은 긴 다리를 가진 선수나 튼튼한 근육을 가진 선수가 아니다. 자신의 위대한 열망의 힘을 끌어내는 선수이다.

기차에 비유해 보면 잘 이해될 것이다. 기차는 천천히 움직이기 시작하지만, 기관사가 조절 레버를 끝까지 올리면 최고 속력에 도달한다. 삶의 경주를 시작하는 두 사람도 마찬가지다. 동시에 천천히 출발하지만 빠르게 달리려는 열망을 점점 증가시키지 않는가. 둘 중 더욱 강렬한 열망을 가진 이가 마침내 승리한다. 그가 비록 다른 사람들보다 1인치도 안 되는 거리만 벌렸더라도 월계수 왕관을 쓴다.

세계적으로 성공을 거두어 많은 사람이 우러러보는 인물 모두가 강인한 육체적 힘을 가졌던 것은 아니다. 게다가 처음 출발할 때는 자신들을 둘러싼 환경에 잘 적응된 상태가 아니었을 것이다. 출발점에서는 분명 그들도 대단한 천재로 여겨지지 않았지만, 이내 어떠한 장애물도 그들을 멈추게 하지 못했다. 온갖 어려움도 위압하지 못하도록 하는 군은 '결단'을 통해 승리를 쟁취했다. 그들이 내린 결정을 취소하거나 바꾸도록 한 것은 아무것도 없었다. 그들은 결코 목표가 시야에서 벗어나도록 두지 않았다.

이 엄청난 힘, 소리 없는 힘은 모두의 내부에 존재한다. 이러한 힘이 온전히 개발되기만 한다면 넘을 수 없을 것만 같은 상황도 극복해 낸다. 이 힘은 계속해서 더 큰 성취를 향하도록 재촉한다. 이 힘을 길러서 더 많이 지닐수록 우리의 계획도 치밀해진다. 더 많은 용기를 기를수록 다양한 활동에 있어서 자기표현의 열망도 커질 것이다.

자신의 운명을 결정하는 소리 없는 힘에 대해 알게 된다면 누구도 실패하지 않는다. 내면의 힘에 대한 자각이 없으면 흐릿한 시야만 갖게 된다. 외부적 환경은 당신이 이 힘을 가지도록 내버려 두지 않을 것이다. 성취를 가능하게 하는 것은 언제나 마음의 해결책이다. 마음의 해결책이 한번 형성되고 나면 목표를 달성할 때까지 멈추지 않도록 계속 떠밀어 줄 것이다. 계획이 올바르게 이루어지려면 가끔씩 마음의 힘을 전부 사용하는 것이 반드시 필요하다. 차분함, 인내, 당신 안의 불굴의 정신적 힘을 한곳에 모아서 효율적으로 사용해야만 한다.

인내는 성공의 첫 번째 필요조건이다. 무언가를 인내하는 법을 배우려면 언제나 성실해야 한다. 인내는 당신의 생각을 현재 맡은 일에 집중시킨다. 또한 목표를 달성할 때까지 집중을 유지하는 것에 전 에너지를 사용하기를 요구한다. 중도에 빠르게 포기해 버린다면 미래의 노력마저 약화시킨다.

실제로 만질 수 없다는 점에서 '마음의 요구'는 실존하지 않는 힘처럼 보이기도 한다. 하지만 세상에서 가장 위대한 힘이다. 당신이 자유롭게 사용할 힘이기도 하다. 누구도 당신을 대신해서 사용할 수는 없다.

마음의 요구는 볼 수 있는 힘이 아니다. 아무런 대가도 지불하지 않고 자유롭게 쓸 수 있는 잠재적인 힘이다. 당신이 회의에 빠져 있을 때 조언을 주고, 불확실함 속에 빠져 있을 때는 바르게 인도해 준다. 목적 달성을 위해 필요한 에너지를 공급해 주는 근원적인 힘이다. 당신에게는 거대한 가능성의 창고가 있다.

마음의 요구는 가능성을 현실로 만든다. 목표의 달성에 필요한 모든 것을 제공해 주며, 그중 무엇을 써야 하는지, 어떻게 써야 하는지를 알려 주기까지 한다. 당신이 상황을 온전히 이해하도록 돕기도 한다. 매번 마음의 요구를 만들 때마다 외적인 힘을 당신에게 끌어당김으로써 생각하는 힘을 보다 강하게 만든다.

예상보다 적은 수의 사람만이 마음의 요구가 지닌 힘을 알고 있다. 엄청나게 강렬한 마음의 요구를 만들어 다른 사람에게 당신이 무엇을 원하는지 말하지 않고도 내용을 전달할 수도 있다. 혹시 친구에게 어떤 주제를 이야기해 보아야겠다고 마음먹은 적이 있는가? 그때 당신이 말을 꺼내기도 전에 상대가 먼저 이야기한 경험이 있는가? 혹시 친구에게 보내는 편지에 무언가 제안을 쓰려 했는데, 편지를 부치기도 전에 같은 제안이 담긴 편지를 먼저 받았던 경험은 있는가? 누군가와 이야기해 보고 싶은 순간 먼저 찾아오거나 전화를 걸어 온 경험은 있는가?

나는 이러한 경험을 수도 없이 많이 했을 뿐더러, 당신이나 당신의 친구도 같은 경험을 해보았음을 의심치 않는다. 분명 우연의 일치가 아니다. 강력한 집중으로 형성된 마음의 요구가 만든 결과물이다. 아무것도 원하지 않는 사람은 작은 것만 얻는다. 단호하게 무언가를 요구하는 것이 원하는 바를 얻기 위한 첫걸음이다.

마음의 요구의 힘은 절대적이며, '수요'에 상응하는 '공급'에도 한계가 없다. 마음의 요구는 스스로를 드러내어 목적을 달성하기 위한 환경과 기회를 실현한다. 내가 마음의 요구의 힘을 과대평가하고 있다고 생각하지 말라. 오직 올바른 목적만을 위해 사용될 때만 보다 풍요로운 삶을 가져온다.

일단 마음의 요구가 형성되고 나면 흔들리지 않도록 하라. 흔들리게 두면 열망하는 대상과 당신을 이어 주던 보이지 않는 흐름이 무너지고 만다. 일말의 의심도 스며들지 않도록 굳건한 기반을 다지기 위해 충분한 시간을 투자하라. '의심'에게 자리를 내주는 순간 마음의 요구의 힘은 일부 사라진다. 한번 잃어버린 힘은 되찾기가 힘들다. 한번 마음의 요구를 만들어 냈다면 상응하는 공급이 일어나기 전까지 단단히 붙잡고 있도록 하라.

다시 한 번 나는 마음이 가진 요구의 힘이 가시적이지 않다는 점을 강조하고 싶다. 오직 당신에 의해서만 사용될 수 있는 집중된 힘이다. 초자연적인 힘이 아니며, 뇌의 핵심적인 부분, 혹은 사고의 중추를 발달시켜 얻는 것이다. 강력하고 확고한 결단과 함께라면 원하는 결과를 확실하게 얻을 수 있다.

누구나 자신 안의 힘을 알아차리기 전에는 멀리 앞서 나갈 수 없다. 당신이 그 힘을 깨닫지 못했다면 역시나 인생에서 그다지 큰 성공을 거두지 못한다는 의미다. 바로 이 '무언가'가 위대한 사람과 평범한 사람을 구별하는 요소이다. 이 미묘한 힘이 위대한 사람의 강인한 성격을 만들어준다.

많은 것을 원한다면 많은 것을 요구해야 한다. 일단 요구를 만들고 나면 이루어지기를 기대하라. 전적으로 당신에게 달린 일이다. 우리는 노력에 따라 보상을 받는다. 그리하여 마음의 요구는 우리에게 원하는 것을 가져다준다. 우리는 스스로 되고자 결정한 바로 그런 사람이 된다. 우리는 자신의 운명을 결정한다.

올바른 마음의 태도를 가져라. 그러면 당신의 능력에 알

맞게 성공을 거둔다. 당신이 자신에 대해 느끼는 평범함을 가진 사람도 성공적이고 자율적이며, 걱정으로부터 해방될 수 있다. 또한 '자신의 주인'이 될 수도 있다. 다음과 같은 단 두 가지만 지킨다면 말이다.

첫째, 현재 하고 있는 것과 지금까지 이루어 온 것에 영원히 만족하지 말라. 둘째, '불가능'이란 단어는 당신에게 해당되지 않는다는 믿음을 마음속에 가져라. 정신이 힘을 온전히 쓰도록 해주는 자신감을 마음속에 채워 넣어라.

특히 나이가 많은 사람은 물을 것이다.

"대체 어떻게 하면 저에 대한 자신감을 생각 속에 쌓아 올릴 수 있을까요? 대체 몇 달 혹은 몇 년간의 오랜 좌절과 아둔한 방황의 시기를 보낸 제가 어떻게 그럴 수 있을까요? 대체 어떻게 갑자기 제 삶을 변화시킬까요? 대체 어떻게 단조로운 일상에서 벗어날 멋진 일을 계획하고 실천할 수 있을까요?"

"몇 년간 똑같은 틀에 박혀 있던 사람이나, 인생의 마지막을 향해 걷던 느린 발걸음에 익숙해진 사람이 어떻게 벗어날 수 있을까요?"

대답은 간단하다. 당신은 할 수 있고, 수백만의 사람이 이미 그렇게 했다. 프랑스에서 가장 영예롭고 위대한 사람

중 하나로 알려진 에밀 리트레. 그는 배움의 기둥이라고도 할 《프랑스어 사전》을 쓰고 편집한 인물이다. 그는 비록 루이 파스퇴르가 아카데미에 들어가면서 '프랑스의 영원한 40대 위인' 자리를 내주었지만, 여전히 훌륭한 평가를 받는 인물이다. 리트레가 자신을 유명하게 해준 일을 '시작'한 때는 나이가 이미 60을 넘긴 시기였다.

집중은
마음의 **안정**을
가져온다

잘 집중하는 사람은 차분한 반면, 마음이 멋대로 돌아다니도록 내버려 두는 사람은 쉽게 화를 낸다. 마음이 어지러운 상태에서는 지혜가 무의식의 창고에서 의식으로 온전히 전달되지 못한다. 무의식과 의식이 조화롭게 일하려면 마음의 평온이 필요하다. 집중을 할 때 당신은 마음의 평화를 얻는다.

차분함을 쉽게 잃는다면 문학을 읽는 습관을 들여라. 문학은 우리를 진정시키는 힘을 가지고 있다. 마음의 평정심을 잃는 듯한 기분이 들면 자신에게 말하라. '평화를 갖자.'

이 생각을 마음속에 담아 두면 자기 통제력을 잃는 법이 없다.

마음의 평화가 없으면 완전한 집중도 없다. 온 세상과 함께 평화로움을 느끼게 될 때까지 늘 평화를 생각하고 실천하라. 한번 이러한 상태에 도달하면 원하는 것에 대한 집중에 아무런 어려움도 따르지 않는다.

마음의 평화를 가지고 있으면 소심함이나 초조함, 공포감이나 고집이 없다. 어떠한 훼방하는 생각도 당신을 괴롭히지 못한다. 공포를 옆으로 제쳐 두고, 시공간을 채우고 있는 '단 하나뿐인 우주의 원리'의 대표자인 신성한 존재의 화신으로 자신을 생각하게 된다. 자신을 무한한 가능성을 가진 어린아이라고 생각하라.

종이에 다음과 같은 말을 써라.

"나에게는 무언가를 해낼 힘이 있으며, 원하는 것이라면 무엇이든 될 수 있다."

이 말을 당신 안에 정신적으로 새겨 두면 엄청난 도움이 된다.

눈앞의 일을 제쳐 두고 다른 일, 예를 들어 직장 업무에 집중해 버리는 실수를 범하기도 한다. 성공을 거두려면 집중을 해야 하지만, 그렇다고 집중의 노예가 되어서는 안 된다. 직장 업무를 다른 영역으로 가지고 다녀서는 안 된다. 그렇게 한다면 마치 당신 생명력의 양쪽 끝에 불을 붙이는 것과 같다. 생각보다 훨씬 더 빨리 당신 생명력의 불길이 꺼지는 모습을 보게 될 것이다.

많은 이들이 직장 업무에 너무나도 몰두한 나머지, 심지어 교회에 가서도 목사의 말을 듣지 않는 경우가 있다. 마음이 직장 업무에 가 있다. 마찬가지로 마음이 직장에 가 있으면 극장에서도 영화를 즐길 수 없다. 침대에 누워서도 자는 대신 직장 업무를 생각한다. 멍청하게도 왜 내가 잠을 자고 있지 않은지 궁금해한다.

모두 잘못된 종류의 집중이며, 아주 위험하다. 전혀 자율적이지도 않다. 마음에서 생각을 꺼낼 수 없다면 그것이 무엇이든 마음은 조화를 잃는다. 그렇게 계속 마음을 지배하는 생각이 당신의 육신과 정신을 갉아먹는다. 생각을 지배하는 대신 그 생각이 당신을 지배하게 두는 것은 크나큰 실수이다. 스스로 다스릴 줄 모르는 자는 성공하지 못한다. 집중을 제어할 수 없다면 정신적, 육체적 건강에 문제가 생길 것이다. 하나의 생각을 내려놓고 다른 생각을 할 수 없을 정도로 몰두해서는 안 된다. 이것이 바로 자기 통제력이다.

집중은 자신이 선택한 생각에 주의를 모으는 것이다. 눈에 들어오는 전부는 분명 무의식 한 켠에 인상을 남기지만, 어느 특정한 대상에 주의를 집중하지 않는 한 무엇을 보았는지 기억해 낼 수 없다. 별로 주의를 끌 만한 대상이 없는 거리를 달려서 지나간다면 눈으로 들어왔던 것 중 무엇도 다시 기억해 내지 못한다. 주의를 끄는 것들만 보고 만다. 무언가 다른 일을 하고 있다면 오직 당신이 생각했던 것만 보고 기억하게 된다. 무언가에 집중할 때면 그 대상이 당신의 생각을 모두 빼앗는다.

한편 자신을 연구하는 것은 매우 귀중한 작업이다. 사람들에게는 집중을 통해 극복될 수 있는, 반드시 극복되어야만 하는 나쁜 습관이 있다. 쉽게 불평하는 습관을 가지고 있거나, 타인의 결함을 찾아내려는 습관을 가지고 있다고 해보자. 혹은 다른 사람에게 있는 능력이 당신에게는 아무것도 없다고 비관하는 습관이 있거나, 자신이 다른 사람보다 못하다고 좌절하는 습관이 있다고 해보자. 자신에게 의지하지 못하는 경우도 있고, 비슷하게 '약함'에 대한 생각을 잔뜩 품는 경우도 있다.

이런 습관은 전부 옆으로 밀어 두고 그 자리를 '강인함'에 대한 생각으로 채워야 한다. 자신이 약하다고 생각할 때마다 실제로 약해진다는 것을 반드시 기억하라. 마음의 태도가 우리를 어떤 사람이 되게 하는지 결정한다고 말했다. 한번 자신을 돌아보라. 얼마나 많은 시간을 고민하고, 성질을 부리고, 불평하며 낭비하는가를 살펴보라. 그런 시간이 많을수록 자신을 더욱 망치는 것이다.

부정적인 생각을 하고 있다는 것을 깨닫는 순간, 즉시 긍정적인 생각으로 바꾸어라. 실패를 생각하기 시작했다면 즉시 성공으로 돌려라. 당신 안에는 성공의 씨앗이 있다. 닭이 달걀을 돌보는 마음가짐으로 돌보면 성공이 실현될 것이다.

다른 사람에게도 당신과 같은 느낌을 전해 줄 수 있다. 당신이 생각하는 태도는 보이지 않는 파동을 만들어 내는데, 다른 사람도 그 파동을 느끼기 때문이다. 집중을 하면 파동을 전부 하나의 대상에 모아 강력한 파동을 만들게 되는 것이다. '생각'은 이런 생명의 파동을 다스리는 힘이다.

사람들이 가득한 방으로 들어서면서 자신은 하나도 중요하지 않다고 느낀다면 실제로 누구도 그가 방에 들어왔는지 모른다. 설령 그를 보더라도 사람을 끄는 매력이 거의 없어서 기억해 주지 않는다. 반면 자신에게 사람을 끄는 마력이 있다는 생각에 집중하면서 방으로 들어선다고 해보자.

그러면 그의 집중에서 나오는 파동을 다른 이들도 느낀다.

당신이 어떻게 느끼는가를 다른 사람도 감지한다는 사실을 기억하라. 기본적인 자연의 법칙이다. 당신이 지닌 생각의 파동을 다른 이들에게 전달하는 발전기와도 같은 사람이 되라. 그러면 세상의 힘을 움켜쥘 것이다. 다시 한 번 말하지만, 당신이 느끼는 것을 다른 사람도 느낀다. '느낌'의 기술을 연마하라.

역사 속 위인을 알아보면 모두 열정적이었다. 그들은 스스로 열정으로 넘치는 사람이었다. 그래서 주위 다른 사람의 열정에도 불을 붙일 수가 있었다. 열정은 사람들 안에 잠재되어 있다. 한번 깨어나기만 하면 놀라운 결과를 가져올 힘이다. 성공하는 이는 열정의 힘을 가지고 있다.

집중으로 힘을 개발하라. 하루에 조금씩 시간을 투자하여 영혼과의 대화를 나누도록 하라. 참된 열망과 회한의 마음에 대해 명상한다면 실제로 얻을 것이다. 이게 바로 성공의 핵심이다.

"당신이 되고자 원하는 사람처럼 생각하고, 말하고, 행동하라. 그러면 곧 당신은 실제로 원하는 사람처럼 될 것이다."

스스로 생각하는 당신의 모습이 당신이다. 당신인 듯이

보이는 모습은 당신이 아니다. 그런 모습으로 다른 사람을 속일지는 몰라도 자신을 속일 수는 없다. 당신의 삶과 행동을 손바닥 위에 올려놓은 것처럼 자유롭게 다스릴 수 있다. 손을 뻗어 올리고 싶으면 우선 손을 뻗어 올리려는 '생각'부터 해야 한다. 당신의 인생을 다스리고 싶다면 우선 인생을 다스리려는 '생각'부터 해야 한다. 쉽지 않은가? 생각하는 대상에 집중한다면 이보다 쉬운 일은 없다. 할 것이라고 말한 사람만 할 수 있다.

"우리는 어떻게 집중의 상태를 얻을까? 기초적이면서도 핵심적인 대답이 있다. 바로 관심과 강한 동기 부여이다. 동기가 강력할수록 집중도 더욱 강해진다."

유스터스 밀러의 말이다.

성공적인 삶은 집중으로 가득한 삶이다. 다른 사람의 자선에 기대는, 혹은 앞으로 기대게 될 불쌍한 대다수의 사람은 한 번도 집중을 하지 못한 이거나, 부정적인 생각의 희생양이 된 이다. 당신의 생각을 한곳에 집중하도록 훈련하고, 뇌의 힘과 정신적 에너지를 늘리도록 하라. 그렇지 않으면 게으름뱅이나 방황하는 사람, 포기하는 사람, 잠만 자는 사람이 되어 버릴 수도 있다. 모두 당신이 얼마나 자신의 생각을 집중시키는가에 달려 있다.

집중이 이루어진다면 당신의 생각은 실체화된 힘이 될 것이다. 더 이상 당신에게 도움이 되지 않을 것을 생각하지 않아도 된다. 오직 원하는 것을 당신에게 가져다줄 수단이 될 생각만 선택하게 되며, 그 생각은 현실로 나타날 것이다. 생각의 세계에서 창조해 내는 것은 언젠가는 전부 실현된다. 자연의 법칙이다. 잊지 말라. 옛날 사람은 아무런 집중 없이 이리저리 방황하곤 했다. 오늘날은 효율성의 시대이다. 가치 있는 성공을 쟁취하고 싶다면 모든 노력에 집중이 이루어져야 한다.

왜 종종 자신이 집중한 대상을 얻지 못하는 경우도 있는가? 이유는 절망 속에 주저앉아서 대상이 오기만을 기다리고 있기 때문이다. 최대한의 노력을 다해서 손을 뻗는다면 대상이 얼마든지 닿을 만한 거리에 있다는 사실을 알게 될 것이다. 한계를 지정하는 것은 다른 누구도 아닌 자신이다. 오늘날 가지고 있는 모습은 내적 환경에 의해 결정된 것이다. 외부적 환경은 얼마든지 제어할 수 있다. 외부적 환경은 전부 의지의 지배 아래에 놓여 있다. 집중을 통해 원하는 것을 끌어당길 수 있다. 집중함으로써 원하는 것을 가져다주는 우주적 힘과 합치를 이루어 공명하기 때문이다.

어떠한 종류이든 시합을 구경해 본 적이 분명 있을 것이다. 선수들은 모두 함께 출발선에 선다. 각각은 다른 선수보다 먼저 결승점에 도달하려는 마음을 품고 있다. 마찬가지로 일종의 집중이다. 특정한 대상만 생각하기 때문이다. 온갖 생각이 몰려오겠지만, 집중을 통하여 스스로 선택한 생각 이외의 생각은 자신으로부터 차단해 버린다. 결국 집중이란 무언가를 하고자 의지를 품고 실제로 실천에 옮기는 경우를 의미한다.

무언가를 성취하고 싶다면 우선 자신을 집중하는 마음, 차분한 마음, 열린 마음, 무언가를 배우려는 마음의 틀에 맞추어라. 익숙하지 않은 일에 도전해 보는 것은 성질을 진정하고 신중하게 만든다. 그렇게 하면 바쁜 마음을 갖거나 조바심을 내서는 절대 이루지 못할 내적인 영혼의 활동을 이루게 된다. 무언가를 너무 '골똘히 생각하거나' 결과를 일찍 얻으려고 서두르면 대개 내부의 생각과 아이디어의 흐름을 차단하게 된다. 무언가를 골똘히 생각할 때는 아무것도 생각나지 않다가, 잠시 생각을 내려놓자 해답이 불현듯 다가왔던 경험이 분명 있을 것이다.

집중으로
나쁜 버릇을
버려라

습관은 일반적으로 짐작하는 수준보다 훨씬 더 많이 우리를 전진시키거나 망가뜨린다. 습관은 집중에 있어 강력한 적이 될 수도, 멋진 아군이 될 수도 있다. 집중에 치명적인 습관은 극복하고, 집중을 돕는 습관은 더욱 길러 내는 방법을 배워야만 한다.

상당히 많은 사람이 습관에 지배당하면서 이리저리 흔들린다. 바다의 파도가 떠 있는 나무판자를 이리저리 밀치듯 말이다. 그런 사람은 습관의 힘에 밀려 특정한 방식으로 행동한다. 어째서 그런 방식으로 행동하는지 전혀 집중해

보는 적이 없다. 더 나은 방식으로 일을 해낼 수 있는지도 연구하지 않는다.

이 장에서의 목적은 당신의 습관에 집중하도록 만들어서 무엇이 이롭고 무엇이 해로운지 찾아내도록 하는 것이다. 좋은 습관은 당신을 훨씬 더 나은 사람으로 만들어 줄 것이다.

먼저 깨달았으면 하는 첫 번째 사실은 습관이 의식적으로든 무의식적으로든 의지의 지배를 받는다는 것이다. 대부분 시시각각 새로운 습관을 형성하고 있다. 빈번하게 무언가를 똑같은 방법으로 반복한다면 행동에 대한 습관을 형성한다. 같은 행동을 자주 반복할수록 습관은 더욱 강력하게 자라나고, 인격 안에 깊숙이 자리 잡는다. 습관이 오랜 기간 동안 위력을 발휘하면 거의 당신의 일부가 되어서 극복하기가 굉장히 어려워진다. 하지만 습관에 반대되는 행동에 집중하면 무슨 습관이든 부술 수가 있다.

"실체를 가지고 있다고 한다면 우리의 인생은 습관의 집합체일 것이다. 우리가 가진 행동의 습관, 감정적 습관, 지적인 습관이 체계적으로 정돈되어 기쁨이나 슬픔을 가져다준다. 설령 슬픔이 고통스러울지라도 습관은 우리를 꼼짝없이 운명으로 이끌어 간다."

우리는 습관의 동물이자, '과거의 우리를 모방하고 따라 하는 존재'이다. 우리는 '접힌 자국'에 취약한 존재인 것이다. 종이를 접은 부위에는 흠이 남아서 다음번에 또다시 그곳을 접도록 하는 것과 같다.

"우리의 지성과 의지는 정신적인 능력이다. 물론 물질적인 것과 깊이 연관되어 있다. 그것의 움직임은 물질적 연결 관계로써 우리의 뇌 속에서 일어나는 신경의 움직임과 대응되기 때문이다."

생각에 있어서의 습관과 의지에 있어서의 습관이 형성되는 이유를 나타낸다. 물리적인 행동의 표현은 모두 의지와 지성의 활동을 실체화시킨 것에 해당한다. 다시 말하면, 신경 체계가 바로 우리가 어떠한 사람인지 결정한다고 할 수도 있다. 그것들이 어떻게 움직이도록 습관이 들었는가에 따라 우리의 정체성을 결정하기 때문이다.

나이가 들면서 대부분의 사람은 점점 더 자동화된 기계처럼 되어 간다. 형성해 둔 습관이 보다 강력해지는 것이다. 우리는 오랫동안 간직해 온 특징적인 방식으로 일을 해결한다. 동료도 당신이 특정한 방식으로 일을 처리하는 것에 익숙해진다. 따라서 습관이 인생에 큰 차이를 가져올 수 있다는 것을 보게 된다.

좋은 습관을 형성하기는 나쁜 습관을 형성하기보다 전혀 어려운 일이 아니다. 오직 좋은 습관만 형성해야 한다. 당신의 습관은 오직 당신만이 책임을 져야 한다. 당신이 반드시 가져야 할 습관을 얼마든지 형성할 수 있다. 사람들이 습관의 중요성을 알게 된다면 세상은 과연 얼마나 달라질 것인가! 사람들은 얼마나 행복해질 것인가. 지금처럼 소수의 사람만이 아니라 모든 사람이 성공을 얻을 것이다.

습관은 젊은 시절에 더 빠르게 형성된다. 만약 당신이 유연한 젊은 시절을 지나 보냈다면 바로 지금이 습관 조절을 시작해야 하는 시기이다. 당신이 다시 젊어질 기회는 영원히 없다. 다음과 같은 격언을 기억해 두길 바란다.

첫 번째 격언.

"우리의 신경 체계가 적이 아닌 아군이 되도록 한다."

두 번째 격언.

"오랜 습관을 버릴 때와 마찬가지로 새로운 습관을 얻을 때는 가능한 강인하고 진취적인 결단을 내리도록 신경 써야 한다."

어릴 적부터 옳은 습관을 들인 이의 마음속에는 오직 좋은 동기만이 존재한다. 좋은 동기를 강화할 습관만 기르고자 열성적으로 집중하는 것이 중요하다. 주위를 도움이 되는 것으로 최대한 채워서 나쁜 습관을 들이지 않아야 한다. 오늘부터 새롭게 시작해 나가라.

어떠한 일을 왜 해 왔는지 곰곰이 연구해 보라. 진정 당신에게 이롭지 않다면 앞으로는 그 일을 피하라. 무슨 일을 하든 단 하나의 유혹에도 넘어가지 않도록 하라. 유혹은 나쁜 습관의 사슬을 강하게 만드는 것이다. 반면 결단을 지킬 때마다 자신을 옭아매고 있는 사실을 하나씩 부수게 된다.

세 번째 격언.

"새로운 습관이 완전히 자리 잡기 전까지는 절대 예외를 두지 말라."

이것이 핵심이다. 새로운 습관이 자리 잡기 전부터 예외에 굴복하면 지금까지 해 왔던 노력이 허사로 돌아간다. 절대 그래서는 안 된다. 여기에는 두 가지 반대되는 끌림이 작용한다. 하나의 끌림은 확고한 태도를 유지하도록 하고, 다른 하나는 굴복하도록 만든다. 의지와 반복을 통해 단호한 사람이 될 수 있다. 반대되는 어떠한 힘에도 대처하도록 의지를 강화하라.

네 번째 격언.

"당신이 내릴 결단, 형성하기를 원하는 습관이 있다면

빨리 실천하라."

결단을 내리고 나서 지키지 않는다면 별다른 가치가 없다. 어떠한 수단을 써서라도 당신이 내린 결단을 지켜라. 그 결단으로부터 이로움을 얻을 뿐만 아니라, 세포와 생리학적인 신경 체계가 결단을 지키는 훈련을 할 수 있기 때문이다.

"무슨 일을 하려는 경향은 실제로 지금까지 얼마나 흔들리지 않고 행동에 옮겼는가에 비례한다. 특히 흔들리지 않았을수록 뇌도 성장한다. 결단이나 확실한 느낌이 결실을 맺기도 전에 사라지도록 내버려 둔다면 애초에 기회가 없었던 상태보다도 나쁘다."

자신의 결단을 지킨다면 귀중한 습관을 얻지만, 결단을 깨면 위험한 습관을 갖게 된다. 중요하든 사소하든 결단을 지키는 것에 집중하라. 비록 사소하더라도 '습관을 형성하는 중'이어서 마찬가지로 중요하다는 사실을 기억하라.

다섯 번째 격언.

"사소한 훈련을 통해서라도 노력하는 능력을 길러라."

의지를 더욱 많이 훈련시킬수록 습관을 보다 잘 제어하게 된다.

"며칠마다 아무 이유 없이 그저 어려움을 느끼기 위하

여 무언가를 행하라. 그리하면 정말로 필요한 일이 당신에게 다가오더라도 준비되어 있지 않거나 훈련되어 있지 않은 자신을 보지 않아도 된다."

집이나 여러 물건에 들어 두는 보험과도 같다. 당장은 보험료가 짐이 된다. 어쩌면 영원히 보험금을 받지 못할지도 모른다. 하지만 막상 재앙이 닥친다면 보험이 당신을 구원해 줄 것이다. 주의를 집중하는 습관을 위한 매일의 훈련, 활동적인 고행, 불필요한 것들에 대한 자기 부정이라는 보험을 들어 둔 사람도 마찬가지다.

"주위가 무너져 내리고 유약한 동료가 체에 걸린 겉껍질처럼 걸러져 나갈지라도 그는 탑처럼 굳건히 서 있을 것이다."

젊은이는 습관에 집중해야 한다. 습관에 집중하지 않으면 걸어 다니는 '나쁜 습관의 집합체'가 되어 버린다. 젊은 시기는 매우 유연하므로 풍요로운 미래를 위한 초석을 닦는 시기로 이용되어야 한다. 좋든 나쁘든 습관의 위력은 아무리 강조해도 지나치지 않다.

"습관은 인간 본성의 심오한 법칙이다."

어떠한 사람도 자신의 습관보다 강할 수는 없다. 습관이 바로 그의 강함을 만들어 내거나 빼앗아 가는 요소이기 때문이다.

우리는 왜 습관의 동물인가. 습관은 종종 '힘을 아껴 주는 발명품'이라고 불려 왔다. 한번 습관이 형성되면 일에 드는 정신적, 육체적 힘이 덜 필요하기 때문이다. 더 깊이 습관이 새겨질수록 일도 더욱 쉽게 하게 된다. 습관은 본성에서 '절약'하는 측면을 담당하는 것이다. 습관이 없었다면 보다 많은 것에 신경 써야 한다.

사람이 매우 많은 거리를 지나간다고 해보자. 잠시 멈추고 주위를 살피는 습관은 사고를 당해 다치는 일을 막아 준다. 옳은 종류의 습관은 실수나 과오를 범하지 않게 막아 준다. 아무리 자동차 기사라도 자신의 몸을 습관으로 길들여 놓지 않으면 능숙하게 운전할 수 없다. 안전이 신속함에 의존하는 환경에서는 자동으로 움직이는 것이 중요하다. 습관은 보다 적은 리스크, 보다 적은 피로, 보다 높은 정확도를 의미한다.

"당신은 아마도 사소한 습관의 노예가 되기를 원치 않을 것이다. 예를 들어, 작곡가 바그너는 오페라의 특정 부분을 쓰기 위해서는 특별한 옷을 입어야만 했다. 극작가 실러도 책상 첫 번째 서랍에 썩은 사과를 두고 자신에게는 달콤했던 향기를 맡지 않으면 편안히 글을 쓰지 못했다. 영국의 정치가였던 글래드스턴은 서로 다른 활동에 사용하는 책상을 따로 가지고 있었다. 그는 호메로스에 관한 책을 집필하는 동안에는 절대 법률적인 일을 다루는 책상에 앉지 않았다."

바람직하지 않은 습관을 극복하기 위해서는 두 가지가 필수적이다. 우선 원하는 것을 할 수 있도록 의지를 훈련시켜야 한다. 의지가 강력할수록 나쁜 습관을 무너뜨리기 쉽다. 그리고 나서 습관과 정확히 반대되는 행동을 하겠다는 결단을 형성해야 한다. 새로운 좋은 습관이 기존의 습관을 대체하도록 말이다. 강력한 의지가 있다면 끈기 있고 지속적으로 나쁜 습관을 제거해 나갈 수 있다. 짧은 시간 내에 좋은 습관이 나쁜 습관보다 우월한 위치에 설 것이다.

습관을 극복하기 위한 오펜하임 박사의 가르침을 전달하면서 이 장을 마치고자 한다.

"습관이나 그 습관에 의해 형성된 주위 환경에서 벗어나고 싶다면 실체가 있는 적과 싸우듯이 문제를 다루어야 한다. 결단의 끈기와 해결을 위한 맹렬한 노력을 전부 쏟아부어 대항해야 한다. 어찌 보면 '양심'이라고 부를 만한 성공에 대한 열망도 빼놓을 수 없다.

어떠한 사람도 바람직하지 않은 습관보다 교활하고, 악

착같고, 지칠 줄 모르는 적이 되지 못한다. 나쁜 습관은 잠들지도 않고 휴식을 필요로 하지도 않는다. 숙주의 성장을 통해 함께 자라나는 기생충과도 같다. 기생충을 박멸하듯이 분리시킨 뒤에 부수는 방법이 나쁜 습관을 없애는 최고의 해결책이다.

삶에 험난한 폭풍이 찾아오고 모든 것이 당신에게서 등을 돌린 시기가 나쁜 습관들을 얻게 되는 때이다. 올바르게 생각하고 행동하기 위하여 엄청난 노력을 쏟아부어야 하는 시기이기도 하다. 비록 당시에는 노력이 아무 소용없어 보일 수도 있지만, 사실 작은 노력조차도 막대한 힘의 조력을 받아 깨달음으로 인도한다.

위대한 진보를 이루는 것은 인생에서 편안하고 만족스러운 시기가 아니다. 평정을 유지하기 위한 별다른 노력이 필요 없기 때문이다. 오히려 시련과 불행의 한가운데에 있을 때, 그리하여 심연으로 침몰할 때, 보이지 않는 압력에 압도당할 때가 더 크게 나아갈 시기이다.

이때 알아야 할 중요한 것이 있다. 당신은 위대한 힘과 하나로 연결되어 있으며, 올바르게 삶을 살아간다면 지속적으로 해를 끼칠 위험이나 나아가는 진로를 방해할 장애물은 절대 나타나지 않는다는 사실을 깨달아야 한다. 당신에게는 무한한 힘이 있으며, 그 힘은 중요한 순간에 당신의 요구를 충족시켜 주기 위해 언제든지 모습을 드러낼 준비가 되어 있다는 것을 늘 기억하라.

무언가 해결하기 어려운 문제가 있어 어린아이처럼 아무 대답도 하지 못하는 때에는 '영감'이 떠오를 것이다. 어떻게 행동해야 할지 알게 되고, 조급하게 굴어서 스스로 방해할 필요가 전혀 없음을 발견하게 된다. 영감 없이 충동에 따라 행동하기보다는 영감이 유도하는 대로 따르는 편이 현명함을 깨달을 것이다."

나는 왜
시간이 늘 모자랄까?

3장

어떻게
집중해야 하는가?

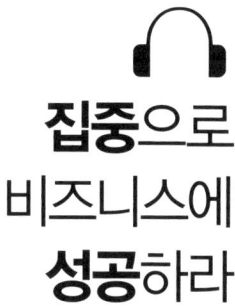

집중으로
비즈니스에
성공하라

　성공적인 사업은 대부분 운에 의해 얻어진 성과가 아니다. 마찬가지로 사업의 실패도 운에 의해 결정되지 않는다. 대부분의 실패는 설립자가 조금만 더 생각해 보았더라면 충분히 예견할 만한 실패이다. 처음부터 무언가 돈이 되는 사업을 시작하는 것은 쉽지 않다. 보통 몇 차례의 변화가 필요하다.

　계획이란 세운 이들이 생각한 대로 흘러가지 않는 경우가 있기 마련이다. 계획에 조금 더 변화가 가해져서 이곳저곳 확장이 이루어져야 한다. 사업을 확장함에 따라 원하는 것을 얻을 수 있는 힘을 기르게 된다. 사업을 성공시키고자 하는 강하고 지속적인 열망을 손에 넣는 것이다.

사업을 시작할 때는 어떻게 풀어 나갈지에 대한 희미한 윤곽밖에 가지고 있지 않다. 사업을 진행시켜 감에 따라 나머지 사소한 부분을 채워 넣어야 한다. 이러한 사소한 디테일에 집중하라. 그러면 '첫 시도'의 미숙함을 보완할 것이고, 새로운 기회가 열릴 것이다.

한 가지 열망을 실현시키면 또 다른 열망이 찾아온다. 첫 번째 열망의 성취에 실패한다면 두 번째도 오지 않는다. 자신의 열망을 행동으로 옮기지 않는 이는 몽상가에 불과하다. 열망은 매우 창조적인 힘으로, 순수하고 강렬하며 지속적이다. 열망이야말로 계속 행동하도록 자극하는 요소이다. 열망이 실현되면 당신을 더욱 강하고 위대하게 만들 것이다.

성공을 쟁취하는 사람은 누구나 성공을 가질 자격이 있는 자이다. 그런 사람도 처음 출발선에 서면 이후 자기 계발에 도움이 될 문제를 어떻게 해결해야 할지 모른다. 그럼에도 매번 각각의 문제를 해결하기 위하여 할 수 있는 한 최선을 다하여 행동한다. 그가 더욱 큰 문제를 마주할 힘을 기르는 것이다.

시도하는 모든 것에 최선을 다하는 법을 배움으로써 숙련자가 된다. 앞으로 벌일 사업에 관한 완전한 지식을 가지고 있는 사람은 당연히 그렇지 않은 사람보다 쉽고 능숙하게 다룰 수 있다. 숙련된 리더는 개인 사무실에 앉아서도 일이 어떻게 돌아가는지 안다. 어떠한 시기에 무엇이 이루어져야 하는지를, 잘 이루어지지 않으면 직원들이 제대로 수행하지 못하고 있다는 것을 바로 안다. 이처럼 상황을 전부 알고 있어서 문제에 대한 해결책을 내는 것도 굉장히 쉽다.

사업의 성공은 온전한 집중의 노력에 달려 있다. 당신은 정신적 힘을 모두 사용해야 한다. 정신적 힘은 쓰면 쓸수록 더욱 늘어난다. 지금 더 많은 것을 성취할수록 앞으로의 문제를 해결할 더 많은 힘을 손에 쥐게 된다.

지금 다른 누군가를 위해 일하고 있지만, 스스로 사업을 시작하기를 소망하는가? 먼저 무엇을 하고 싶은지부터 깊이 생각해 보라. 그리하여 무엇을 하고 싶은지 결단이 내려지면 그에 대한 끌림을 느낄 것이다. 열망을 만족시키기 위한 길을 열어 주는 우주적 질서가 존재한다는 것이다.

물론 열망 뒤에서는 목적을 실현하기 위한 충분한 노력이 이루어져야 한다. 열망을 현실로 끌어오기 위하여 당신의 '힘'을 사용해야 한다. 충분한 노력이 이루어지고 결단을 유지하기만 한다면 의식적이면서 동시에 무의식적으로 열망의 실현을 향해 힘쓰게 된다. 마음을 목표에 맞추고, 생각을 목표에 집중하라. 지성을 총동원하여 노력을 이끌어 낸다면 얼마 지나지 않아 자신의 야망을 실현할 것이다.

자신이 성공적인 사람이라고 느끼고 믿어라. 그에 따라 모두에게 인정받겠다는 태도를 취하라. 그러면 생각의 기류가 성공에 필요한 것들을 알아서 가져다줄 것이다. 큰일을 맡게 되는 상황을 두려워 말라. 목적 달성이 이루어지리라 여겨지는 방법을 투지를 가지고 밀고 나가라. 처음에는 비록 완전한 성공을 맞이하지 못하더라도 항상 높은 곳을 겨냥하라. 비록 조금 모자라게 이루더라도 충분히 많은 것을 성취할 것이다.

다른 사람들이 해냈다면 당신도 할 수 있다. 심지어 다른 사람이 아직 해내지 못한 것도 가능하다. 마음속에 성공하고자 하는 강한 열망을 늘 품어라. 목표와 일을 사랑하고, 가능한 최대 다수의 최대 행복이라는 규칙에 맞추어라. 그러면 당신의 삶은 실패하지 않는다.

당신의 삶을 알차게 만들고자 한다면 성공적인 사업 태도를 가꾸어야 한다. 자신과 다른 사람들에게도 대단한 무언가를 기대하는 태도이다. 그것만으로도 사람들은 종종 이로움을 얻는다. 자신이나 다른 사람 안에 있는 최대한의 힘을 끌어올리기 때문이다. 긴 여정에서 중요한 것은 단발적인 스퍼트가 아니라 꾸준한 노력이다. 스퍼트는 지치게 만들어 여정을 계속하기 힘들게 한다.

자신의 의견에 의존하라. 다른 누구의 의견보다 나은 의견이기 때문이다. 한번 결론에 도달하면 그곳에 머무르라. 판단에 어떠한 의심도 흔들림도 없도록 하라. 당신이 내린 결정에 불확실한 태도를 가진다면 판단의 가치를 낮추는 까다로운 의심들과 두려움에 취약해진다. 자신이 옳다고 생각하는 대로 결정하라.

실수로부터 배울 점을 얻는 사람은 최고의 성과를 가져다주는 균형 잡힌 마음도 얻는다. 그들은 다른 이의 신뢰를 받는다. 날씨가 바뀌듯 결정이 바뀌는 사람이 아니라, 자신이 무엇을 원하는지 확실하게 아는 사람으로 알려질 것이다.

사람들은 자신이 의지할 사람과 일하기를 원한다. 사업의 세계에서 불확실성은 사람들의 냉대만 받을 뿐이다. 유망한 기업은 많은 자질을 갖춘 자, 확고함을 갖춘 자, 판단력을 갖추어 신뢰받을 가치가 있는 자와 함께하고 싶어 한다. 따라서 일을 시작하려면 기본이 되는 건강한 몸과 마음을 제외한다면 훌륭한 명성이야말로 큰 자산이 된다.

성공적인 사업이란 정신적 힘을 모으기만 한다면 이루기 어렵지 않다. 막다른 길을 만나는 사람은 자신이 무엇을 원하는지 몰라서 흔들린다. 많은 사람은 종종 사업이 신경을 갉아먹는다고 하지만, 실제로는 조바심과 근심이다. 계획을 실행에 옮기면 당장 피로를 불러오지만, 이내 즐거움으로 채워진다. 불필요한 부담감만 없다면 잃은 에너지의 자리는 모두 '회복해 주는' 힘으로 대신 채워진다.

하루하루 주어진 일에 성실히 임하면 내일 더 큰 일을 해낼 역량이 길러진다. 바로 이 점진적인 발전이 거대한 계획이 실현되도록 도와준다. 매 시간마다 무언가를 해야 한다는 것을 깨닫는 사람은 어디로든 도달하게 되어 있다. 하루의 끝마다 목표에 조금 더 가까이 다가간다.

앞으로 나아가야 한다는 생각, 하루하루가 전진으로 기록되어야 한다는 생각을 마음에 담아라. 그러면 정말로 나아갈 수 있다. 심지어 길을 찾겠다는 결단만 있다면 정확히 어느 방향으로 가야 하는지는 몰라도 상관없다. 다만 일단 출발했다면 되돌아오는 상황은 없어야 한다.

제일 똑똑한 이들조차도 마음의 힘이 가진 가능성을 가

치에 비해 낮게 평가한다. 그래서 자신의 가능성을 실제보다 과소평가하곤 한다. 과거에 실패했다고 해서 불가능한 목표라고 생각하고 싶지는 않을 것이다. 매일매일 사람들은 이전에 누구도 하지 않았던 일들을 해내고 있다. 우리는 점점 더 빠르게 나아가고 있다. 예전에는 거대한 사업을 이루기 위해 수십 년을 보냈지만, 오늘날에는 몇 년이나 몇 달 정도만 걸린다.

매일매일 하는 활동을 신중하게 계획하라. 그러면 겨냥하는 목표가 어떠한 수준이든 닿을 수 있다. 간결하고 집중된 생각과 함께 이루어진다면 아주 많고 수준 높은 일도 이뤄 낼 것이다.

하루에 많은 것을 이루고자 계획하라. 얼마나 많이 할지 결정하지 않았던 다른 날보다 더 많은 것을 이루는 자신을 보고 놀랄 것이다. 나는 평균적인 노동자가 8시간 걸려서 해내던 일을 아무런 추가 에너지의 소모 없이 6시간 만에 해낼 수 있다는 사실을 입증하기도 했다.

절대 결단력 없는 불확실하고 불확정적인 태도로 무언가를 이루려는 시도를 하지 말라. 마음을 집중시켜 주고 정돈된 생각을 이끌어 내는 진솔한 태도와 '긍정'으로 덤벼들라. 그러면 큰일을 계획하기 위한 여유 시간이 있다는 사실을 얼마 지나지 않아 깨달을 것이다.

타고난 리더는 '마음의 이끌림'이라는 법칙을 이용하여, 스스로 선택한 대상에 대해 다른 사람들이 생각해 낸 아이디어를 자신에게로 모을 수 있다. 이것은 굉장히 도움이 되면서 중요성도 갖는 현상이다. 충분히 훈련만 되어 있다면 다른 이들의 생각에서 많은 이로움을 얻는다. 또한 자신도 가치 있는 무언가를 창출하여 다른 이들에게 다시 이로움을 주게 된다. '우리는 전 시대의 후손'이지만, 일단 주어진 유산을 어떻게 사용하는지 알아야 한다.

자신감 있고, 앞으로 나아가며, 희망과 결단으로 차 있는 사람은 관련된 사람들에게 영향을 미친다. 그들 모두에게 자신과 동일한 자질을 북돋운다. 당신은 아마도 그를 보고서 따라 해도 좋으리라 느낄 것이다. 그가 지금 앞으로 나아가도록 만드는 힘 역시 당신 안에서 길러질 것이다.

무기력하게 영혼 없이 행하는 일이라면 무슨 일이든 성공하지 못한다. 사업을 이루어 내려면 실체가 있는 모습으로 실현되기 이전에 계획이 먼저 마음속에 펼쳐져야만 한다. 위대한 업적도 처음에는 단순히 생각한 이의 마음속에 담겨 있기만 했던 '이상'에 불과했다. '이상'이라는 처음의 희미한 생각에서 실제 사업으로 확장된 데에는 상세한 디테일이 더해지고 더해지는 과정이 필요했다. 마침내 명료한 계획이 탄생했을 것이고, 마음속 개념이 물질적으로 실현된 것에 불과한 '성취'는 자연스럽게 뒤따랐을 것이다.

오늘날 사업가들은 현재를 위한 계획을 세우는 것에만 만족하지 않고 앞을 내다본다. 그러지 않는다면 경쟁자에게 뒤처지고 만다. 오늘날 우리가 하고 있는 일들도 사실은 과거에 누군가가 미리 계획하고 생각해 두었던 것들이다. 그것이 바로 지금 젊은 사업가들이 아버지 세대보다 빠르게 성취를 달성하는 이유이다.

무슨 일이든 사업이든 당신을 지치게 만들 이유는 없다. 그런 상황이 벌어지고 있다면 무언가 잘못된 것이다. 아마도 지금 하는 일과 조화를 이루지 못해서, 그래서는 안 되는 힘이나 주위의 영향을 끌어당기고 있을 가능성이 높다. 선천적으로든 후천적으로든 맞지 않는 일을 하기 위한 노력만큼이나 지치게 만드는 것은 없다.

사람들은 자신이 사랑하는 일에 몰두해야 한다. 자신과 공명을 이루는 일을 통해 더욱 앞으로 나아가는 발걸음을 내딛어야 한다. 그러면 최고 역량을 발휘할 것이고, 사업에서 강렬한 기쁨도 얻을 것이다. 이러한 방식을 통하여 계속 성장하고 역량을 길러 나간다. 동시에 자신의 일을 통해 인류를 향한 참되고 헌신적인 봉사까지 하게 되는 것이다.

사업의 성공은 운에 의한 결과가 아니다. 적극적이고 진취적인 자세로 실현해 나간 과학적인 생각과 계획에 의한 성취이다. 정신적 힘을 계속 사용하여 보다 성장하고 길러지도록 하라. 모든 것은 마음에 의한 결과이다. 따라서 자신의 행동을 통제할 수 있다는 점을 기억하라. 어려운 일을 마주하기를 두려워하지 말라. 성공은 당신의 마음이 가지고 있는 마음가짐에 의해 결정된다.

이런 사실은 놀라운 발전을 가져다준다. 당신이 마음의 힘을 모두 사용하고, 그 결과 자신과 다른 사람까지 발전시키는 모습을 지켜보라. 가까이 지내는 사람의 시야를 넓혀 주려고 노력하다 보면 자신의 삶에 대한 비전도 자연스럽게 넓히게 된다.

당신은 책임이 두려운가? 영혼이 성장하기 위해서는 책임을 져야만 한다. 우리의 앞선 요구에 상응하는 '공급의 법칙'이 전능하다는 것을 스스로 보여야 한다. 온 세상이 당신에게 허용된 활동의 공간이다. 그중 얼마나 많은 공간을 당신 것으로 만들었는가? 지금까지 무슨 일을 해 왔는가? 당신은 혹시 책임을 두려워하고 있지는 않은가?

당신은 책임이 두려워서 부정하거나, 무시하거나, 피하

기 위해 게걸음을 치는 것은 아닌가? 만일 그렇다면 '진정한 인간'이 아니다. 보다 숭고한 당신의 자아는 움츠리지 않는다. 당신의 숭고한 자아의 힘이 실현되도록 노력하는 사람이 되어라. 스스로 충분한 강인함을 갖고 있다는 사실을 알게 될 것이다. 어려운 일에 도전해도 훨씬 나은 기분을 느끼게 된다.

용기에
집중하라

용기는 인간의 등뼈와도 같다. 용기를 가진 자에게는 인내심이 있다. 용기가 있는 자는 믿는 것을 말과 실천으로 옮긴다. 용기를 가진 자에게는 자신에 대한 신뢰가 있다. 그는 더욱 강한 사람이 되도록 만들어 주는 도덕적 자질, 정신적인 힘을 스스로 끌어당긴다. 반면 용기를 갖지 못한 자는 약자의 자질, 마음의 동요, 의심, 조바심, 목적의 흔들림을 주위로부터 끌어온다. 용기를 위해 집중하는 것이 얼마나 가치 있는지 이해될 것이다. 그것은 성공에 있어 필수 불가결한 요소이다.

용기의 부족은 정신적, 도덕적, 금전적 어려움까지 만들어 낸다. 용기가 없는 사람은 새로운 어려움이 다가와도 극복할 대상으로 바라보지 않으며, 해결하지 못하는 이유만 찾으려 한다. 실패는 자연스러운 결과이다. 이것은 당신이 깊이 연구해 보아도 괜찮은 주제이다.

당신의 능력 안에 닿는 모든 것을 단순히 우연이 아니라 능동적인 기회나 가능성으로 바라보라. 그러면 훨씬 많은 것을 성취할 것이다. 어떤 것은 불가능하다고 여기는 순간 실패를 가져오는 부정적인 요소를 스스로 끌어들인다. 용기의 부족은 자신감을 무너뜨린다. 또한 성공에 있어 너무나도 중요한 강인하고 결단력 있는 태도도 무너뜨린다.

용기를 가지고 있지 않은 사람은 무의식중에 자신에게 바람직하지 않은 것을 끌어들인다. 자신을 약하게 만들고, 도덕관념을 황폐화시키며, 치명적인 것이라면 무엇이든 끌어당긴다. 그러면서 '미약하게' 열망했던 것을 얻지 못한 자신의 운을 탓한다.

무엇을 강하게 열망하고자 한다면 우선 용기를 가져야 한다. 성취해야 하는 열망은 마음의 힘이 강인하게 뒷받침해야 하기 때문이다. 열망은 바람직하지 않은 환경을 바꾸도록 이끄는 충분한 인도의 힘을 갖는다. 용기를 가진 사

람은 전장에서든 사업에서든 언제나 다른 사람들을 인도
한다.

용기란 무엇인가? 무엇을 하고자 하는 의지이다. 용기를
갖는 것은 겁쟁이처럼 구는 짓에 비해 하나도 힘들지 않다.
단지 올바른 방식으로 훈련받았는가, 그렇지 않은가에 의
해 결정되는 자질이다. 용기는 마음의 힘을 현재 눈앞에 놓
인 대상에 집중하도록 해준다. 그럼으로써 사려 깊고 꿋꿋
하고 신중하게 우리의 힘을 바람직한 방향으로 이끌어 간
다. 반면 두려움은 정신적 힘과 도덕적 힘 모두를 분산시
켜 실패라는 불청객을 초대한다.

우리는 습관의 동물이어서 더더욱 용기가 부족한 사람
을 멀리해야 한다. 그런 사람은 새로운 문제에 도전하기를
두려워하기에 손쉽게 찾아낼 수 있다. 용기를 가진 사람은
절대 두려워하지 않는다.

바로 오늘 당신이 용감하지 못할 이유는 전혀 없다는 생
각과 함께 출발하라. 두려움이 찾아온다면 위험한 독사처
럼 떼어 버려라. 당신이나 다른 사람에게 좋지 않은 것은 아
무것도 생각하지 않는 습관을 길러라. 새로운 것이든, 예전
부터 있어 왔든 어려움을 대하면 다음 말을 마음에 품으라.
"나는 용감하다."

마음의 요새에 의심이 들어오려고 하면 당장 내쫓아라. 마음의 주인으로서 생각을 조절할 수 있다는 사실을 기억하라. 또 하나 자신에게 새겨 두면 도움이 되는 말이 있다.

"나는 용기를 열망하기에 용기를 가지고 있다. 용기를 필요로 하기에 용기를 가지고 있다. 나는 용기를 사용할 것이기에, 두려움에 지는 겁쟁이가 되기를 거절할 것이기에 용기를 가지고 있다."

용기를 잃는 것에는 어떠한 정당한 이유도 없다. 용기를 가지고 있는 동안 만나는 극복 가능한 어려움보다는 용기를 잃고 나서 만나는 어려움이 훨씬 더 크다. 그것들은 확실하게 당신을 압도해 버리는 존재들이다. 결국 두려워해야 할 유일한 대상은 '공포 그 자체'뿐이라는 철학자의 말이 옳다.

다른 사람의 의견이 당신에게 영향을 끼치도록 두지 말라. 그는 당신이 무엇을 할 수 있는지 알려 주지 못한다. 그는 당신의 힘으로 무엇을 해낼지 알지 못한다. 당신조차도 자신을 특정한 상황에 던져 넣어 시험해 보기 전까지는 무엇을 해낼지 알 수가 없다. 하물며 어찌 다른 사람이 알겠는가? 누구라도 당신의 가치를 평가하도록 내버려 두지 말라. 거의 대부분의 위대한 성취는 '확실하게' 불가능한 것으로 입증된 후에 달성되었다. 우주의 법칙을 이해하기만 한다면 모든 것은 가능하다. 불가능하다면 애초에 생각해보지도 못했을 것이다.

무엇이 옳은가에 대한 당신의 생각에 다른 사람이 영향을 미치도록 허용해서는 안 된다. 그러면 용기를 이끌어 내고, 그 용기가 만드는 힘을 다루게 해주는 당신 안의 자신감을 잃게 된다. 조언에 따라 자신의 계획에서 벗어나기 시작하는 순간, 당신은 이미 다른 사람의 생각을 실현하게 된다. 당신의 생각을 실현하는 것이 아니다. 당신은 계획을 '이끄는 이'가 아니라, 이끌림을 당하는 이가 되고 만다. 용기와 마음의 결단을 잃게 되고, 그로 인하여 꾸준히 행하는 힘이 부족해진다. 자신에게 의지하지 않게 되고, 대신 소심한 사람이 되어서 스스로 실패를 초대한다.

자신의 계획에 타인이 영향을 끼치도록 허용한다면 올바른 판단을 내릴 수 없다. 타인의 간섭이 아무런 보상 없이 당신의 용기와 결단력을 잃게 하도록 내버려 두었기 때문이다. 당신의 소유물을 타인에게 '아무런 대가도 받지 않고' 전부 넘겨주는 것과 같은 곤경에 처한 상황이다.

공포, 갈망, 가난, 질병 등과 같은 부정성과 정반대되는 것에만 집중하라. 자신의 능력을 절대 의심하지 말라. 사용하고자 한다면 이미 능력이 충분하다. 많은 사람들이 자신의 역량을 의심하다가 실패를 겪는다. 거대한 도움이 될 강력한 마음의 힘을 쌓기보다는 두려움 때문에 스스로 무너지고 만다. 공포는 우리의 에너지를 마비시킨다. 공포는 성공을 이루도록 만드는 힘을 얻지 못하게 막는다. 공포가 바로 우리의 가장 큰 적이다.

자신이 많은 것을 성취해 낼 능력이 있다는 사실을 아는 사람은 얼마 되지 않는다. 그들은 능력 전체를 발휘하기를 원하기는 하지만, 슬프게도 자신 안의 가능성을 깨닫는 사람은 조금만 보인다. 무엇이든 해낸다고 정신과 마음, 영혼을 다하여 믿어라. 꾸준하고 자신감 넘치는 모습으로 신념에 맞게 살아갈 용기가 길러질 것이다. 그것만으로도 목표를 향해 이미 엄청나게 많은 길을 걸어가게 된다.

물론 크고 작은 장애물이 앞길에 나타나 가로막을 수도 있겠지만, 단호한 용기가 있다면 모두 극복 가능하다. 오직 용기만이 가능케 한다. 강한 용기는 해악이 되는 부정적인 힘보다 높은 힘을 소환하여 제거해 버린다. 바로 그 강력한 힘이 당신을 도와줄 힘이다.

요구한다면 용기는 당신 것이다. 당신이 해야 하는 것은 고작 믿고, 요구하고, 사용하는 것뿐이다. 성공하고자 한다면 사업이 성공할 것이라는 믿음을 가져라. 성공적인 사업이 될 것이라고 굳게 주장하라. 당신의 말이 실현되도록 성실히 일하라. 용감한 사람 앞에서 어려움은 금세 녹아 없어진다. 군대 내의 용기 있는 사람 한 명은 전체 군인의 영혼에 불을 지필 수 있다. 용기는 두려움처럼 전염성을 가지고 있기 때문이다.

용기를 가진 사람은 인생의 시련과 유혹을 극복해 내고, 성공을 자신에게로 부른다. 늘 올바른 판단을 내리고, 강력한 대인적 영향력과 강인한 인격을 기르며, 종종 자신이 속한 공동체의 지도자로 선출된다.

어떻게 하면 침울함이나 우울증을 극복하는가. 침울함과 우울함은 둘 다 해악이 되며, 우리를 슬프게 만든다. 하지만 자신의 숭고한 자아에 좀 더 깊게 집중함으로써 빠르게 극복해 낼 수 있는 상태이다. 집중을 하면 해로운 힘의 기류와 자신과의 연결이 끊어진다. 또한 유쾌한 대상을 골라 완전히 집중해 버림으로써 위와 같은 기분을 손쉽게 몰아낸다. 의지와 생각의 제어를 통하면 원하는 것은 무엇이든 달성 가능하다고 하지 않았는가. 우리 모두의 안에는 놀라운 생득적인 힘이 있다. 오직 '무지'를 제외한다면 공포라는 감정이 생겨야 할 합당한 이유는 아무것도 없다.

악한 것은 무지의 산물이다. 생각하는 힘을 가지고 있는 사람이라면 누구나 악과 무지를 극복할 힘을 가지고 있다. 악한 행위를 함으로써 느끼는 고통은 전부 경험에 의한 교훈이다. 고통의 목적은 우리의 무지를 깨닫게 하는 것이다. 우울함은 생각하는 능력이 온전하게 활용되지 못해서 잘못된 힘들의 기류를 불러들이고 있다는 증거이다. 오직 의지를 훈련하고 행복한 대상에 집중하면 된다. 오로지 당신의 숭고한 자아와 자아의 정신적 힘에 어울리는 대상만 생각하라.

부에
집중하라

본래 인간은 가난하도록 정해져 있지 않다. 적절한 조건 아래에서 부를 얻게 된다면 삶의 환경을 보다 풍요롭게 해준다. 모든 것에는 가치가 있다. 모든 것에는 좋은 사용법과 나쁜 사용법도 있다. 마음의 힘도 물질적 부처럼 좋은 방법과 나쁜 방법 모두에 사용될 수 있다. 조그마한 휴식은 힘을 되찾아 준다. 그러나 너무 큰 휴식은 게으름과 무지, 망상적인 열망으로 퇴보시킨다.

다른 이들로부터 정당하지 못한 방법으로 부를 획득했다면 자신의 힘을 잘못 사용하고 있는 것이다. 부가 올바른 방법으로 얻어졌다면 축복을 받은 것이다. 부를 통해서 자신과 인류를 보다 발전시킬 많은 일을 할 수 있다.

부는 많은 이들의 최종적인 목적이며 노력을 자극하는 요소이다. 주위 사람의 애정을 받으려고 풍요롭게 살기를 원한다. 주위 친구가 없다면 자신의 환경에 대해 유별나게 신경 쓰지는 않을 것이다. 현실은 자신과 물리적 환경을 보다 매력적으로 꾸밀수록 주위 사람에 대한 영향력도 커진다는 것이다. 분명 우리는 자신의 영향력에 신경을 쓰면서 살아간다.

정감이 가지 않고 불쾌한 환경에서의 활동은 올바른 사고에 도움이 되지 않는다. 부를 얻는 첫 번째 걸음은 도움이 되는 영향을 주는 요소로 주위를 채우는 것이다. 각 시대의 위대했던 사람들은 대부분 다른 이보다 상대적으로 부유했다. 돈을 벌거나 상속을 받았기 때문이다. 돈이 없었다면 그들은 목표를 제대로 달성하지 못했을 것이다. 육체적으로 고된 노동에 종사하는 사람은 상대적으로 여유를 누리는 사람만큼 큰 이상을 품기가 쉽지 않다.

부는 대개 성취가 낳는 열매이다. 그렇다고 전적으로 부지런하게 일해서 얻은 결과는 아니다. 열심히 일하고도 부유해지지 못하는 이가 많다. 덜 노력하는 이는 거대한 부를 얻기도 하는데 말이다. '가능성을 보는 것'이 부를 얻는데 필요한 다음 단계이다. 가능한 부지런하게 일한다고 해도 마음의 힘을 사용하지 않는다면 단순한 노동자에 지나지 않는다. 마음의 힘을 이용해서 이로움을 대신 챙겨 가는 이의 지도를 받는 노동자이다.

평범한 삶 속에서 얻는 수입과 저축만으로는 누구도 부유해질 수 없다. 많은 사람이 삶 내내 절약하고 아끼며 살아간다. 그렇게 자신의 생명력과 에너지를 낭비한다. 나는 교통비를 아끼기 위해 직장에 걸어 다니곤 했던 남자를 안다. 평균적으로 출근에 한 시간, 퇴근에 한 시간 걸렸다. 차를 타면 20분 만에 갈 수 있다. 그는 매일 10센트를 아끼면서 한 시간 반 가까이를 낭비했다. 그가 직장을 걸어서 출퇴근하여 커다란 건강상의 이로움을 보지 않은 이상 이로운 투자라고는 할 수 없다. 자신의 척박한 사업 환경을 극복하기 위한 노력에 투자한 시간은 전부 풍요로운 앞날을 위한 토대로 굳건한 기반이 된다.

오늘날 많은 이들이 저지르는 큰 실수가 있다. 자신 안의 능력을 개발해 내거나 밖으로 꺼내기에 실패한 이와 어울린다는 점이다. 삶에서 '사회적인 측면'의 개발만 너무 동떨어져서는 안 된다. 오락이나 즐거움만이 삶에서 중요한 동기가 되면 자신의 육체적, 도덕적, 정신적 자원을 아끼고 유지하는 경제관념 대신 사치와 낭비의 습관만 얻는다.

결과적으로 삶에 대한 올바른 동기가 부족해지고, 신이 내려 준 힘은 개발되지 않는다. 필연적으로 형편없는 판단을 내리게 되어 삶에서 보다 숭고한 관계를 잃는다. 경제적으로는 남에게 의지하는 사람이 되고 만다. 때로는 기생충이라고 부를 만한 수준까지 이르게 된다. 생산에 이바지하지는 않으면서 소비만 엄청나게 하는 것이다.

삶을 통제하는 힘과 우주의 법칙을 이해하기 위해 위와 같은 뼈저린 교훈을 배워야만 한다는 것은 삶의 비극이다. 다른 사람의 모습을 보고 교훈을 얻어 가는 이는 많지 않다. 같은 경험을 겪으면서 지식을 얻어 자기 삶을 다시금 건설해 나가는 데 써야 한다.

무언가를 달성해 본 사람이라면 사소한 일에 엄청나게 많은 시간을 쏟지는 않는다. 그저 성찰의 시간만 필요할 뿐이다. 그들은 해야 할 일을 어제와는 다른 방식으로 해 나간다. 신중하고 집중된 노력의 결과로, 일하는 방식을 지속적으로 개선해 나가려는 것이다.

하루는 '풍요로움'에 대한 강의에 참석해 보았다. 나는 강연자가 실질적으로 10년간 파산 상태였다는 사실을 이미 알고 있었다. 과연 그가 무슨 말을 할지가 궁금했던 것이다. 그는 굉장히 말을 잘했다. 하지만 강연에 참석한 사람 중 몇몇에게는 도움을 주었을지 몰라도, 자신은 아무런 이로움도 얻지 못하고 있었다. 그에게 나를 소개하고 나서 혹시 자신이 아는 교훈을 그대로 믿는지 물어보았다. 그는 그렇다고 대답했다. 나는 그가 얻은 교훈이 실제로 풍요로움을 가져다주었는지 물었다. 그는 그렇지 않다고 대답했다. 나는 그에게 왜 그런지 물었다. 그는 자신이 풍요로움을 얻지 못할 운명이라고 대답했다.

이후 30분 동안 나는 대체 왜 가난이 계속 그를 따라다니는지 설명해 주었다. 그는 가난한 옷차림을 하고 있었다. 그는 자신의 강연을 굉장히 열악한 장소에서 열었다. 그는 행동과 믿음으로 스스로 가난을 끌어들였던 것이다. 그는 자신의 생각과 주위 환경이 나쁜 영향을 미치고 있다는 사실을 전혀 깨닫지 못하고 있었다. 나는 말했다.

"생각은 '움직이는' 힘, 위대한 힘입니다. 부에 대한 생각은 부를 부르지요. 당신이 정말 열망한다면 부를 얻도록 도와주는 힘을 자신에게 끌어당겨야 합니다. 당신의 생각은 비슷한 다른 생각까지 끌어당기지요. 가난에 대한 생각은 가난을 부를 뿐입니다. 당신이 올바르게 마음만 먹는다면 부유함을 누릴 수 있을 것입니다. 이 원리를 당신 마음의 힘 속에 불어넣는다면 스스로 도울 수 있는 외부적 환경을 이용하게 될 것입니다."

많은 사람은 이미 돈이 있다면 더 많은 돈을 만들기가 쉽다는 의견을 가지고 있다. 하지만 반드시 진실이라고는 할 수 없다. 사업을 시작하는 사람들의 90%는 실패를 겪는다. 적절히 투자할 기회를 찾아내는 훈련이 되어 있지 않는 한, 돈은 절대 사람들이 더욱 많은 부를 축적하도록 허용하지 않는다. 누군가 막대한 돈을 상속받으면 아마도 잃기만 할 가능성이 높다. 반면 자신이 번 돈이라면 돈의 가치를 잘 알게 된다. 그는 돈을 더욱 잘 사용하여 보다 많은 돈을 버는 능력까지 기를 것이다.

오늘날 사업의 성공은 미래를 보는 눈, 정확한 판단, 강한 투지, 확고한 결단, 흔들리지 않는 목적의식에 달려 있다. 우리의 '생각'도 전기처럼 실체를 가진 힘이라는 사실을 잊지 말라. 당신의 힘도 실체를 가지도록 하여 당신이 얻은 만큼 생각의 힘을 베풀도록 하라. 그렇게 하지 않는다면 다른 이들을 부유하게 만들어 주지 않는 셈이어서 당신은 부유해질 자격이 없다.

아무 대가도 없이 모든 것을 얻으려는 사람은 너무나도

이기적이고 비열하게 변한다. 얼마나 이기적으로 변하는지, 스스로 얻은 것에 즐거움을 느끼지도 못한다. 우리는 매일 이와 같은 사례를 목격하곤 한다. 다른 이들로부터 받는 것은 우리 품을 다시 떠나게 된다. 어떠한 의무든 공정하고 분명하게 관계 지어져야 한다. 삶의 의무를 모두 해결하기 전까지는 우리의 '완전함'에 닿을 수 없다. 이것을 알고 있으면서도 왜 우리는 받은 것을 공평하게 내주지 않는가?

한 번 더 반복하지만, 부를 얻는 첫걸음이자 마지막 단계는 주위를 좋은 영향으로 가득 채우는 것이다. 좋은 생각, 좋은 건강, 좋은 집, 좋은 환경, 성공적인 직장 동료 같은 것을 말한다. 가능한 수단을 총동원해서라도 넓은 인품을 가진 이들과 친분을 쌓아라. 일에 관한 당신의 생각이 그들의 생각과 함께 공명하도록 하라. 당신의 인간관계는 매우 쾌적해지며, 다른 사람들이 부러워할 만하게 바뀔 것이다.

청렴하고 평판이 좋으면서도 부유한 이들과 가까운 친분을 가지고 있는가? 그렇다면 그들에게 당신이 얻는 소득 중 여유분을 대신 투자해 주도록 맡겨라. 혼자 성공적으로 투자할 만한 사업 감각과 결단력을 갖추기 전까지는 비록 금액이 척을지라도 그들에게 맡겨라. 마침내 때가 오면 위와 같은 과정을 통해 자신의 삶에서 올바른 위치를 찾을 것이다. 자신의 기회에 온전하게 집중하여 올바르게 이용했다면 아마 하찮은 이들이 속한 위치가 아닐 것이다. 부를 얻는 능숙함이 갖추어지면 당신이 걸어온 길을 다른 이들을 위해 더욱 쉽게 닦아 주는 일을 즐기게 될 것이다.

뇌 어딘가에는 우리를 일상이라는 틀에서 꺼내어 성공이라는 산맥으로 높이 데려다줄 힘들이 존재한다. 엔진에 들어 있는 가솔린도 스파크가 일어나기 전까지는 차를 움직이게 하지 못한다는 것을 알고 있지 않은가. 사람의 마음도 이와 같다. 지금 엄청난 천재성을 가진 이의 얘기를 하는 것이 아니다. 평범한 재능을 가진 일반인의 이야기를 하고 있다. 모두의 뇌 속에는 '불가능'이라는 단어를 넘어 성공의 나라에 도달할 능력이 들어 있다. 희망, 자기 확신, 결단력이 바로 스파크를 일으켜 에너지가 발생하도록 만드는 것들이다.

'집중할 수 있다'와 '집중한다'의 차이

　모두에게는 집중할 수 있는 능력이 있다. 과연 당신은 실제로 그렇게 할 것인가? 분명 할 수는 있지만, 실제로 하고 안 하고는 당신에게 달려 있다. 무언가를 할 수 있는 것과 무언가를 한다는 것은 서로 다르다.

　우리의 능력 중에는 사용되는 것보다 그렇지 못한 것이 훨씬 많다. 왜 많은 능력이 있는 사람들이 자신의 능력을 통해 보다 훌륭한 이가 되려 하지 않는가? 야망이 있는 사람은 많아도 실제로 성공하는 사람은 상대적으로 적다. 왜 많은 야망이 성공으로 이어지지 못하는가? 물론 경우에 따라 다르지만, 대부분 당사자에게 잘못이 있다. 그들에게 도 분명 기회는 있었을 것이다. 어쩌면 다른 사람들을 성공으로 이끈 기회보다 나은 기회가 있었을지도 모른다.

아직 하지 않고 있는 일 중에 당신이 하고 싶은 일은 무엇인가? '더 나아져야 한다'라고 생각한다면 왜 실제로 실천하지 않는가? 자신을 조심스럽게 연구해 보라. 당신의 결점을 알아내라. 때로는 하찮은 결점 하나가 성공을 가로막기도 한다.

당신은 왜 일을 제대로 풀어 가지 못했는가? 당신이 놓친 실패의 원인을 알아내라. 혹시 다른 누군가가 당신을 이끌거나 대신 길을 만들어 주기를 바란 적이 있는가? 그랬다면 이제는 그와 다른 새로운 종류의 자율성에 대한 생각에 집중하라.

성공을 위해 반드시 필요한 두 가지가 있다. 에너지와 성공하려는 의지이다. 둘 중 어느 한 가지도 다른 요소로 대체될 수 없다. 우리에게는 따라가기 쉬운 길이 주어지지 않을 것이다. 쉬운 길을 찾게 되기를 기대하지 말라.

본래 어려운 길이 용기와 도덕적 역량을 길러 준다. 나태하고 엉성한 방식으로 삶을 살아가는 이들에게는 이런 능력이 전혀 주어지지 않는다. 어려운 환경을 마주한 적조차

없어서 어떻게 이런 능력을 얻는지 알지 못한다. 세상은 더이상 그들이 살아가는 데 도움을 주지 않는다.

우리는 좋은 환경을 직접 만들어야 한다. 저절로 형성되기를 기대해서는 안 된다. 적대적인 평가에도 불구하고 앞으로 나아가며 '나는 할 수 있다'라고 말하는 사람만이 실제로 성과를 이룬다. '그건 불가능한 일이야'라고 말하는 사람은 실패한다. '하늘은 스스로 돕는 자를 돕는다'라는 말은 진리인 것이다.

우리는 장애물을 극복하여 밟고 오름으로써 성공에 도달한다. '나는 할 수 있고, 할 것이다'라고 말하는 이에게 장애물은 오히려 디딤돌이다. 비장애인이라면 듣지 못하거나, 말하지 못하거나, 앞을 보지 못하거나, 혹은 그와 비슷한 장애를 가진 이를 볼 때마다 부끄러워해야 한다. 어째서 비장애인인데도 많은 일을 이루지 못했는지 부끄러워해야 한다.

인내의 힘을 이겨 낼 것은 아무것도 없다. 우리 앞에 놓인 항로가 언제나 순탄하지는 않을 테지만, 어려운 장애물은 모두 극복될 수 있다. 장애물을 극복할 수 있다고 생각하며 어떻게 극복할지에 집중하기만 한다면 말이다. 장애물을 극복하기가 불가능하다고 생각해 버린다면 당연히 이겨 내고자 시도하지도 않을 것이다. 설령 시도한다 하더라도 마음의 반쪽만 담긴 시도여서 아무것도 이루어지지 않는다.

사람들은 성공할 것이라는 확신이 들지 않는 한 시도하지 않는다. 이것은 얼마나 큰 실수인가! 어쩌면 무엇이 가능하고 불가능한지를 안다면 옳은 태도일지도 모른다. 하지만 어찌 알겠는가? 지금 앞에 있는 장애물이 일주일 후에는 사라질지도 모른다. 대다수 사람들의 문제는 앞길이 가로막히는 상황에 닥치자마자 즉시 용기를 잃는다는 것이다. 어려움을 피해 돌아갈 길도 있다는 사실을 잊어 먹는다. 돌아갈 길을 찾아내는 것은 당신에게 달려 있다.

환경이 큰 노력을 요구하는데도 적은 노력만으로 달려든다면 당연히 승리할 수 없다. 무슨 일이든 성공으로 이끌 힘을 전부 사용하겠다는 느낌으로 달려들어라. 이것이 바로 성공을 가져오는 '집중된 노력'의 한 종류이다.

대부분 시작도 하기 전에 패배한다. 그들은 자처해서 장애물을 만날 것이라 생각한다. 아울러 장애물을 극복하는 방법 대신 더 많은 장애물을 찾으려 든다. 당연하게도 그들은 장애물을 줄이기보다는 오히려 늘려 놓는다. 혹시 어렵다고 생각했던 일을 실제로 맡아 보니 의외로 쉬웠다는 경험이 있지는 않는가? 굉장히 빈번히 일어나는 경우이다. 어려워 보이던 일도 이후에 직접 마주해 보면 굉장히 쉬운 경우가 많다.

당신의 앞길이 순탄할 것이라는 생각을 가지고 시작하라. 순탄하지 않다면 순탄하게 만들겠다는 마음으로 시작하라. 성공을 이룬 사람들은 모두 앞길을 직접 순탄하게 만들어 냈다. 게다가 그들에게는 지금 당신이 가진 수많은 도움도 없었다.

성공을 향한 열쇠 중 하나는 일단 결정한 일이라면 무엇이든 실행하는 것이다. 당신의 길에서 이탈하지 말고 시작한 일을 반드시 성취하겠다고 결단하라. 몇 번 가로막혔다고 겁에 질리지 말라. 엄청난 결단과 집중되고 진실한 노력을 통해서만 성공을 얻는다고 굳은 결단을 내린 사람은 막을 수가 없다.

빅토르 위고는 말했다.

"힘이 부족한 것이 아니다. 그들은 의지가 부족하다."

승리를 가져다주는 능력은 엄청 특별한 무언가가 아니다. 실천과 강력한 결단일 뿐이다. 모든 것에 최선을 다하는 이에게 실패는 존재하지 않는다. 지금 무슨 일을 하고 있든 간에 용기를 잃지 말라. 흐름은 계속 바뀌기 마련이다. 당신이 의지를 가지고 있는 야심 찬 일꾼이라면 당장 내일이라도 유리하게 흐름이 바뀔 것이다. 일만큼 당신을 개발시켜 주고 용기를 기르게 해주는 것은 없다. 일이 없었다면 인간의 삶이란 얼마나 단조롭겠는가! 나는 앞으로 나아가기를 원하는 이에게 충고한다.

"당신의 현재 위치가 영원한 위치라고 생각하지 마라. 언제나 눈을 열어 두었다가 기회가 오면 당신을 도와줄 자질들을 자신의 내부에 더하라. 언제나 깨어 있으며 기회를 살펴라. 우리는 생각하는 것들을 끌어당기는 법이다. 우리가 기회를 찾아 나선다면 충분히 찾아낼 것이다."

누구나 가져야 할 이상적인 인간의 모습을 갖추고만 있다면 어디선가 당신에게 맞는 자리를 채우기 위해 당신을 찾고 있을 것이다. 당신을 발견하거든 주의가 다른 곳으로 새지 않도록 하라. 모든 주의를 그에게 집중하라. 당신이 자신의 힘을 집중시킬 수 있다는 것, 당신이 참된 인간의 모습을 갖추고 있다는 것을 보여 주라. 어떠한 두려움이나 불확실함, 의심의 낌새도 드러내지 않아야 한다. 자신에게 확신을 가지는 사람은 반드시 '이끄는 자리'에 서게 되어 있다. 어떠한 상황도 그를 막을 수 없다.

훈련을 통해
익히는
집중의 기술

몇 가지 생각을 골라서 얼마나 오랫동안 마음에 담아 둘수 있는지 시험해 보라. 처음에는 시계를 두고 시간을 재는 방법도 좋다. 건강에 관해 생각하기로 결정한다면 단순한 집중력 향상 외에도 많은 이로움을 얻는다. 실제로 건강에 도움이 되기 때문이다. 건강을 세상에서 가장 큰 축복이라고 생각해 보라. 다른 생각은 흘러 들어오지 않도록 해보라. 다른 생각이 흘러 들어오려고 한다면 즉시 내쫓아라.

건강에 관한 생각에 하루 10분 정도 집중하는 습관을 매일 만들어 보라. 다른 생각을 모두 쫓아낼 수 있을 때까지 계속 연습하라. 그러면 건강에 생각을 모으는 것이 엄청난 가치를 가지고 있음을 알게 된다. 현재 상태와는 관계없이 다른 모든 것들은 보이지 않는 듯, 보지 않기를 원하는 상태인 듯 여겨라.

만약 병이 있다면 처음에는 없는 척하기가 어려울지도 모른다. 하지만 얼마 지나지 않아 부정적인 상태에 대한 생각을 떨쳐 버리고 건강한 상태에 놓인 자신을 상상하게 될 것이다. 당신이 집중을 거듭할 때마다 보다 완벽한 건강에 대한 이미지를 형성하게 된다. 곧 당신은 이미지가 현실로 실현되어 자신을 건강하고 강인하고 완전하게 바꾸었다는 사실을 깨달을 것이다.

좋은 정신적 이미지를 떠올리는 습관은 엄청난 가치를 가지고 있다. 이미 이전 시대의 성공한 이들이 이용해 온 습관이다. 다만 많지 않은 사람만이 진정한 중요성을 알고 있다. 당신은 지금까지 계속 자신이 형성하는 이미지에 맞게 행동해 왔다는 사실을 알고 있는가? 스스로 부정적인 이미지를 형성하도록 내버려 두면 당신은 무의식적으로 부정적인 성격을 쌓게 된다. 부정적인 이미지에 노출된 사람은 아마도 가난, 나약함, 질병, 공포 등을 생각할 것이다. 이런 생각을 품는 것과 거의 동시에 남은 삶도 비슷한 모습으로 나타나게 된다. 우리가 마음속으로 무엇을 생각하는 가가 그대로 외부적 세계에 실현된다.

깊은 집중을 통해서 당신은 우주의 위대한 창조적 정신과 연결된다. 정신의 창조적 힘은 당신에게로 흘러 들어와 생각이 실체화되도록 생명을 불어넣어 준다. 또한 깊은 집중을 통해서 당신의 마음은 무한한 우주적 지성을 깨닫게 되어 메시지를 전달받는다. 그리하여 당신은 우주적 힘으로 가득 차게 되며, 말 그대로 신성한 힘이 넘쳐흐르는 상태가 될 것이다. 바로 우리가 진정 추구해야 할 상태이다.

이런 상태가 되면 '초월의식supra-consciousness'과 연결되는 것이 얼마나 이로운지를 몸소 깨닫게 된다. 초월의식은 우주적 진동을 받아들이는 존재이다. 종종 우주로부터의 무선 전신국이라고도 불리며, 우주의 마음이 만들어 내는 메시지를 전달해 주는 존재이다.

이 정도로 높은 집중의 단계에 도달하는 사람은 거의 없다. 가능하다는 사실을 아는 사람조차도 굉장히 적다. 흔히 집중이란 한 대상에게 한정된 정신만을 의미한다고 생각한다. 실제로 생명력의 원천이 되어 건강을 유지하게 해주는 것은 우리를 무한한 지성과 조화를 이루도록 해주는 '보다 깊은 집중'이다.

일단 한 번이라도 초월의식을 만나면 당신은 스스로 가지는 생각의 지배자가 된다. 평범한 인간의 생각보다도 높은 생각도 가지게 된다. 종종 '우주의식Cosmic Consciousness'이라고도 불리는 생각이다. 일단 경험하게 되면 절대 잊을 수 없다. 원래 이 경지에 도달하려면 굉장히 많은 훈련이 필요하지만, 한번 도달하면 점점 더 쉬워진다. 그렇게 시간이 조금 흐르면 이전에는 알지 못했던 새로운 힘을 갖게 된다. 깊은 집중의 상태 속에서는 무한한 지성의 힘을 거의 모두 다룰 수 있게 되는 것이다.

집중을 위한 훈련법을 알아보자. 태양에서 나오는 빛줄기를 집열 렌즈를 통해 모으면 막대한 열이 생긴다. 비록 똑같은 빛의 원천인 태양에서 나왔더라도 흩어져 있을 때보다 훨씬 강력한 열이다. 우리의 주의도 마찬가지다. 주의를 흩어 놓으면 평범한 결과만을 얻을 뿐이다. 하나의 대상에 집중해야 비로소 훨씬 나은 결과를 얻는다. 의식적으로든 무의식적으로든 대상에 주의를 맞추고 행한다면 목표를 얻는 방향을 향해 나아가게 된다. 다시 말해, 다른 대상은 배격하고 한 대상에만 당신의 에너지를 모으면 성공으로 나아가는 힘이 생긴다.

생각을 무언가에 집중시킬 때마다 생각의 힘이 길러진

다. 집중에 따르는 노력은 지루하고 단조롭지만 도움이 될 것이다. 집중에 꾸준히 노력한다면 엄청나게 가치가 있다는 사실을 깨닫게 될 것이다. 당신이 가진 집중의 힘을 향상시키기 때문이다.

구체적인 훈련법을 알려 주기 전에 몇 가지 질문에 먼저 대답하고 넘어가겠다. 하루 종일 일한 후면 집중 훈련을 하기에는 너무나도 지쳐 버린다고 누군가 말한다. 그의 말은 진실이 아니다. 너무나도 지쳐서 집에 돌아오자마자 저녁을 먹고 자리에 앉아 쉰다고 해보자. 휴식을 취하다 보면 일하는 동안 마음을 차지했던 생각이 다시 마음속에 떠오르기 마련이다. 그가 진정 필요로 하는 마음의 휴식을 방해하는 것은 바로 이런 생각이다.

특정한 생각이 뇌의 특정 부위가 활동하도록 만든다는 것은 이미 알려져 있다. 이때 특정 생각과 무관한 뇌 부위는 당연히 휴식을 취한다. 낮에 일하는 동안 가졌던 생각과 다른 생각을 품게 되면 낮 동안 아무것도 안 하고 쉬던 부위를 사용하는 셈이다. 동시에 낮 동안 열심히 활동했던 부분에게는 휴식을 준다.

저녁에는 낮에 가졌던 것과는 전혀 다른 생각을 꺼내도록 자신을 다스려야 한다. 그렇지 않으면 낮 동안 열심히 활동하여 지친 뇌 부위를 계속 사용하게 된다. 새로운 생각에 주의를 집중해서 지친 뇌 부위가 계속 활성화되어 진동하는 것을 막고 휴식을 주는 것이다. 다른 뇌 부위는 아마도 하루 종일 일하고 싶어서 안달이 나 있을지도 모른다. 당신은 이제 새로운 생각으로 저녁 시간을 즐겁게 보낼 것이고, 동시에 원하던 몸과 마음의 휴식도 얻을 것이다. 생각을 다스리는 법을 배우면 옷을 갈아입듯 손쉽게 생각을 바꾸는 것이 가능하다. 기억하라. 집중의 필요조건은 다른 외부적인 생각이나 주제와 무관한 생각을 머릿속에서 차단하는 것이다.

당신의 주의를 지배하려면 먼저 몸에 대한 지배력부터 얻어야 한다. 몸에 대한 지배력은 마음을 다스림으로써 얻는다. 마음을 다스리는 것은 의지를 다스림으로써 얻는다. 당신의 의지는 원하는 대로 무엇이든 이루게 해줄 정도로 충분히 강력하지만, 반드시 알아야 할 사항이 있다. 마음은 의지의 직접적인 통제 아래에 놓이면 아주 강력해진다는 것이다. 마음이 의지의 요구에 의해 충분히 강력해진다면 더욱 뛰어난 생각의 송신기가 될 것이다.

집중하기에 안성맞춤인 시기는 무언가 고무적인 내용을 읽은 직후이다. 그때 당신은 정신적으로, 영적으로 이상적인 영역에 가깝게 고양되기 때문이다. 이때의 당신은 깊은 집중을 하기 위한 준비가 된 상태이다.

방 안에 있다면 우선 창문이 열려 있고 공기가 신선한지를 확인하라. 그다음 베개 없이 침대 위에 평평하게 누워라. 근육들이 잘 풀려 있는지 확인한 후, 천천히 숨을 들이쉬어 신선한 공기로 폐를 가득 채워라. 부담이 가지 않는 선에서 최대한 공기를 오래 머금었다가 천천히 뱉어라. 편안하면서도 동적으로 내뱉어야 한다. 이런 식으로 5분간 호흡하라. 몸과 뇌의 세포를 정화하고 활력을 찾아 주는 '신성한 숨결'이 당신 안에 흐르도록 하라.

이제 당신은 다음 단계로 넘어갈 준비가 되었다. 당신이 지금 얼마나 조용하고 안정되어 있는지 생각하라. 당신은 자신의 상태를 보고 환희를 가질 것이다. 자신이 지금까지 얻은 어떠한 지식보다도 숭고한 지식을 얻을 준비를 갖추고 있다고 생각하라. 천천히 긴장을 풀고, 정신이 안에서 살아 움직여 당신이 원하는 것을 얻게 돕도록 자유로이 내버려 두라.

두려움이나 의심도 들어오지 못하도록 하라. 그저 당신의 소망이 곧 이루어질 것이라고만 생각하라. 혹은 이미 이루어졌다고 생각하라. 사실 무언가를 소망하는 즉시 생각의 세계에 실현된 것이 아닌가.

집중할 때는 언제나 집중에 성공한다고 생각하라. 이러한 느낌을 계속 쥐고서 아무것도 당신을 방해하지 못하도록 한다면 곧 집중에 완전히 숙달해지는 것을 깨닫게 된다. 그러면 집중이 당신에게 엄청난 가치를 가진다는 사실을 알게 될 것이다. 당신이 무슨 일을 맡더라도 원하는 바를 이루는 법을 빠르게 배울 것이라는 사실도 알게 된다.

마음의 명령을 이행하도록 몸을 훈련시키는 과정은 반드시 필요하다. 나는 당신이 자신의 육체적 움직임을 지배하기를 원한다. 이제부터 나오는 훈련들은 몸에 대한 완벽한 통제를 얻기에 큰 도움이 될 것이다.

/ 훈련 1 /

편안한 의자에 앉아 당신이 얼마나 오래 머무를 수 있는지 살펴보라. 보기만큼 쉽지는 않다. 곧게 앉아 있는 상태에 주의를 모아야 한다. 혹시 비자발적인 몸의 움직임을 만들어 내지는 않는지 살펴보라. 조금만 연습하면 아무런 몸의 움직임 없이 15분 정도 곧게 앉아 있기가 가능하다.

처음에는 편안한 자세로 5분 정도 몸을 고정해 두기를 조언한다. 5분 동안 완벽하게 몸을 가만히 두었다면 10분, 15분으로 시간을 늘려 가라. 이 정도가 딱 필요한 시간이다. 가만히 멈춰 있으려고 너무 안간힘을 쓰지는 말라. 당신은 전적으로 안정을 취하고 있어야만 한다. 당신은 안정을 취하는 습관이 굉장히 좋다는 점을 알게 될 것이다.

/ 훈련 2 /

의자에 앉아 머리를 곧게 들고, 턱은 내밀며, 어깨는 뒤로 당겨라. 오른팔을 오른쪽으로 향해 어깨 높이로 들어 올려라. 오른쪽으로 고개를 돌리면서 시선을 손가락 끝에 고정하라. 1분간 팔을 완벽하게 멈춘 상태로 유지하라. 왼팔로도 동일한 연습을 하라.

팔을 들어 완벽하게 멈추는 자세를 5분 정도 유지할 때까지 서서히 시간을 늘려 가라. 손을 쭉 뻗을 때는 손바닥이 아래를 향하게 하라. 시선을 손가락 끝에 고정해야 팔이 완벽하게 멈추어 있는지 확실하게 알게 된다.

/ 훈련 3 /

작은 잔 하나를 물로 가득 채우고 손가락으로 쥐어라.
손과 이어진 당신의 팔은 정확히 당신의 앞을 향하도록 하
라. 물 잔에 눈을 고정하고 어떠한 움직임도 보이지 않도록
팔을 멈춘 상태를 유지하라. 처음에는 잠시 동안 버티는 것
으로 시작하여 5분까지 시간을 늘려 가라. 오른쪽 팔로 훈
련했으면 이어서 왼쪽 팔로도 똑같이 하라.

/ 훈련 4 /

혹시 자신의 근육이 긴장하거나 너무 부담을 받고 있는
상태는 아닌지 살펴보라. 자신을 얼마나 편안하고 안정된
상태로 유지할 수 있는지를 보라. 초조하고 힘겨운 모습보
다는 차분한 자세를 유지하도록 하라. 이러한 마음의 느낌
이 당신의 몸가짐과 품행을 개선해 줄 것이다.

필요 없는 동작과 움직임을 멈춰라. 그런 움직임이 있다
면 당신이 자신의 몸에 대해 적절한 통제력을 갖추지 못했
다는 의미이다. 일단 통제력을 갖추면 통제력을 갖지 못한

이들이 '얼마나 쉽게 자신을 망치는지' 둘러보라.

나는 방금 전에 왔다 간 세일즈맨을 유심히 지켜보았다. 그가 무엇을 하든 몸의 일부는 계속 움직이고 있었다. 그에게 '당신이 전하려는 바를 온몸인 아닌 말로 표현하면 얼마나 보기 좋을지 알고 계신가요?'라고 묻고 싶을 정도였다. 당신과 이야기하는 사람을 살펴보면서 얼마나 차분함이 부족한지 알아보라.

몸의 일부를 흔들거나 씰룩씰룩 움직이는 습관은 모두 없애도록 하라. 당신도 의도하지 않은 움직임을 많이 만들고 있다는 것을 알 것이다. 당신은 그저 '나는 더 이상 그러지 않겠어'라는 생각에 집중하기만 해도 재빠르게 불필요한 움직임을 멈출 수 있다.

소음을 싫어하는 습관이 있다면 마찬가지로 자신에 대한 통제력을 훈련하라. 문이 큰 소리로 닫히거나 무언가 떨어지면서 소리를 내면 자기 통제력을 기르기 위한 훈련으로 생각하라. 그러면 일상 속에서도 훈련의 기회를 무수히 찾아낼 것이다.

위에서 말한 훈련들의 목적은 비자발적인 몸의 움직임에 대한 제어를 얻기 위함이다. 모든 움직임이 오직 자발적으로 행해지도록 말이다. 이제 다음에 나오는 훈련들은 몸의 움직임을 의지의 통제 아래 가져다 두기 위해 준비되었다. 정신적 힘이 몸의 움직임을 지배하기 위한 훈련이다.

/ 훈련 5 /

의자를 테이블 가까이 옮기고, 오른손을 테이블 위에 두어라. 손등이 테이블에 닿도록 한 채 손을 꽉 쥐어라. 엄지는 다른 손가락들 위로 올라가도록 하라. 시선을 주먹에 고정시키고 천천히 엄지를 펴라. 마치 엄청나게 중요한 일인 듯이 주의를 엄지를 펴는 행위에 집중하라. 그다음 천천히 검지를 펴고, 이어서 중지를 펴는 식으로 손가락을 전부 펴라. 이제 거꾸로 새끼손가락부터 하나씩 접어 가라. 그러면 엄지가 다른 손가락을 덮고 있는 처음의 주먹이 다시 만들어진다. 같은 동작을 왼손으로도 행하라. 각 손이 5번씩 반복하도록 훈련하라. 며칠 지나면 10번까지 늘려도 좋다.

처음에는 5번 훈련이 당신을 피곤하게 만들 가능성이 높다. 하지만 단조로운 행동 연습은 집중력을 훈련시키기 위해 굉장히 중요한 과정이다. 또한 몸의 움직임을 제어하는 능력을 길러 주기도 한다. 당연한 이야기지만, 당신의 주의는 손의 움직임에 완전히 모아져야 한다. 그렇지 않으면 훈련으로서의 가치를 잃고 만다.

/ 훈련 6 /

검지를 제외한 다른 손가락들을 모두 접은 오른손을 무릎 위에 올려놓아라. 검지는 정면을 가리키도록 하라. 검지를 천천히 좌우로 움직이면서 주의도 손가락이 가리키는 방향으로 유지하라. 이와 같은 훈련은 다양한 형태로 스스로 고안할 수도 있다. 비슷한 방식을 고안해 내는 것도 좋은 훈련이 된다.

이때 마음속에 담아 두어야 하는 중요한 점이 있다. 훈련이 간단해야 하며, 어떤 부위를 움직이는 훈련이든 주의는 이동 방향에 확실하게 고정되어야 한다. 아마 처음에는 제어를 받지 않고 좀 더 흥미로운 것에 한눈을 팔려고 노력하는 자신의 주의력을 깨닫게 될 것이다. 이런 훈련이 가치를 갖는 이유이다. 자신의 주의를 올바른 장소에 잡아두고 다른 곳으로 떠나지 않도록 제어해야만 한다.

어쩌면 너무 단순하고 아무 가치가 없는 훈련이라고 생각할지도 모르겠다. 훈련을 하다 보면 빠른 시일 내에 자신의 육체적 움직임과 행태, 몸짓에 대한 통제력을 기르게 될 것이라고 약속한다. 자신의 주의를 모으는 능력, 하고 있는 일에 생각을 집중시키는 능력 등도 굉장히 향상될 것이다. 당연히 매우 가치 있는 능력들이다.

무엇을 하든 당신 인생의 주된 목표라고 상상하라. 다른 일에는 관심 없이 오직 그 일에만 흥미를 느낀다고 상상하라. 절대 당신의 주의가 지금 하는 일에서 떠나지 않도록 하라. 당신의 주의는 의심의 여지 없이 저항적이겠지만, 그래도 계속 제어하라. 주의가 당신을 제어하도록 두어서는 안 된다. 일단 저항적인 주의를 완전히 정복하면 자신이 느끼는 것보다 훨씬 위대한 승리를 이루게 된다. 이후로는 가까운 대상에 자신의 주의를 집중하는 법을 배운 것을 수도 없이 감사하게 될 것이다.

친근하지만 흥미는 가지 않는 물체에 집중하는 훈련을 매일 하라. 흥미로운 대상은 보다 적은 주의력만 필요로 한다. 절대 흥미로운 대상을 골라서는 안 된다. 대상이 덜 흥미로울수록 좋은 훈련이 된다. 조금만 훈련하다 보면 흥미롭지 않은 대상이라도 의지를 통해 주의를 모으게 된다.

집중을 할 수 있는 사람은 몸과 마음에 대한 완전한 지배를 얻어 '의도'의 노예가 아닌 주인이 된다. 자신을 지배할 수 있다면 다른 사람도 지배할 수 있다. 의지가 없는 이들에 비해 당신을 '거인'으로 만들어 줄 의지의 힘을 기르는 것이다.

의지를 자신의 통제 아래 놓게 되기 전까지는 의지의 힘을 여러 가지 형태로 훈련해 보라. 무엇을 하고자 마음먹으면 바로 실천할 수 있어야 한다. '이 정도면 꽤 잘했어'와 같은 마음가짐을 갖지 말고 최대한의 노력을 다하라. 의지의 힘을 갖게 되면 본래 당신이 되었어야 할 사람이 될 것이다.

/ 훈련 7 /

집중은 냄새에 대한 감각을 길러 준다. 산책 삼아 길을 걷거나, 시골길을 드라이브 하거나, 꽃으로 가득한 정원을 지나는 동안 식물과 꽃들의 향기에 집중해 보라. 우선 얼마나 다양한 종류의 향기가 있는지 파악해 보라. 그중 딱 한 종류의 향기만 선택하여 느끼려고 노력해 보라. 이러한 노력은 냄새에 대한 감각을 크게 향상시켜 준다.

향기를 구분해 내는 작업은 굉장히 주의 깊은 태도를 요구한다. 훈련을 통해 냄새에 대한 감각을 기를 때는 마음속에서 냄새와 관련된 생각 외에는 모두 차단해야 한다. 뿐만 아니라, 집중하고 있는 향기를 제외한 향기에 대한 '인식'조차 차단해야 한다.

냄새에 대한 감각을 기르는 수많은 훈련 기회를 만날 것이다. 외출해서 신선한 공기를 맡게 되면 서로 다른 향기들에 주의를 집중해 보라. 아마도 공기가 수없이 많은 종류의 냄새로 겹겹이 이루어져 있다는 사실을 알게 될 것이다. 집중력을 발휘하여 단 하나의 냄새를 선택하라. 몇 년이 지나도 그 향기를 떠올리면 훈련 상황을 생생하게 기억해 낼 정도로 집중하라. 훈련의 목표는 집중된 주의력을 개발하는 것이다. 연습을 통해 자신의 마음을 통제하고 생각을 다룰 수 있어야 한다.

/ 훈련 8 /

당신의 내면에 집중하라. 어딘가에 누워 근육을 완전히 이완시키고 심장 박동에 집중하라. 그 외에는 다른 무엇에도 주의를 기울이지 않는다. 이토록 대단한 기관이 대체 어떻게 몸의 곳곳에 피를 보내는지 떠올려 보라. 피가 훌륭한 저장고를 떠나 하나의 흐름을 이루며 곧바로 발로 보내지는 상황을 실제로 머릿속에 그려 보라. 다른 하나의 흐름은 팔을 따라 흘러 손가락 끝으로 보내지는 상황을 상상해 보라. 조금만 훈련한다면 몸속에 피가 흐르고 있다는 것을 말 그대로 '느낄' 것이다.

언제라도 몸의 일부가 약해졌다고 느껴지면 더 많은 피가 해당 부위로 향하도록 의지를 발휘하라. 눈이 피로하다면 피가 심장을 떠나 머리를 거쳐 눈으로 향하는 마음의 그림을 그려라. 이런 훈련을 통해 체력을 놀라울 정도로 기를 수 있다. 심지어 심장에 대한 통제력을 얻어 심장을 5분 동안 멈추게 한 사람도 있을 정도이다. 물론 심장을 멈추는 훈련에는 위험이 따른다. 새로 입문하는 이들은 시도해서는 안 되는 행동이다.

다음과 같은 훈련을 밤에 침대로 가기 직전과 아침에 행하면 많은 도움이 된다. 자신에게 말하라.

"내 안의 세포들은 삶과 함께 전율한다. 내 몸의 모든 부분들은 강하고 건강하다."

이 훈련을 통해 건강을 굉장히 향상시킨 사람들을 꽤 많이 알고 있다. 누구나 스스로 상상하는 자신의 모습을 따르게 되어 있다. 마음이 질병으로 고생하는 자신의 모습을 상상하면 실제로 아프게 된다. 반대로 마음이 강인한 자신의 모습을 그린다면 현실로 실현되어 건강해질 것이다.

/ 훈련 9 /

잠드는 일에 집중하라. '워터 메서드water method'라고도 알려져 있는 훈련법은 간단하면서도 잠을 이끌어 내는 데 효과적이다. 침실 테이블 위에 깨끗한 물을 가득 채운 잔 하나를 올려 두라. 침대에 앉아 물이 든 잔을 응시하면서 얼마나 평온한가를 생각해 보라. 물처럼 평온한 상태로 들어서는 자신의 모습을 마음속으로 그려 보라. 금세 신경이 잠잠해지면서 쉽게 잠들 상태가 될 것이다.

때로는 나른해지는 자신의 모습을 마음속으로 상상해 보는 방법도 잠을 유발하기에 좋다. 끈질긴 불면증조차도 자신이 움직이지 않는 평안한 물체라는 상상 앞에서는 극복된다. 예를 들어, 자신이 차갑고 조용한 숲 속에 놓인 텅 빈 통나무라고 상상해 보라.

불면증으로 고생하는 사람에게는 위와 같이 신경을 진정시켜 주는 훈련이 상당히 효과가 있다. 그저 잠들기가 전혀 어려운 일이 아니라는 생각을 마음속에 담아 두라. 불면증에 대한 공포를 버려야 한다. 그러고서 위와 같은 훈련을 행한다면 쉽게 잠들 것이다.

이쯤 되면 집중력의 가능성을 깨우쳤을 것이다. 집중력이 삶에서 얼마나 중요한 역할을 맡고 있는지도 알게 되었을 것이다.

/ 훈련 10 /

집중은 에너지를 아껴 줄 뿐만 아니라 외양도 다듬어 준다. 혹시 손을 멋대로 움직이거나, 손가락으로 무언가를 두드리거나, 수염을 쓰다듬는 버릇 등이 없는지 확인해 보라. 몇몇 사람은 발이 계속해서 땅을 두드리도록 다리를 떠는 습관을 가지고 있기도 한다. 얼굴을 찡그리거나, 이마에 주름을 만드는 습관을 가지고 있지는 않은지 거울 앞에서 확인해 보라.

다른 사람들을 관찰하여 얼마나 무의미하게 얼굴을 이

리저리 뒤트는지도 살펴보라. 얼굴에 잠시나마 주름이 지게 하는 버릇은 영원한 주름이 생기도록 한다. 얼굴은 한 조각의 실크 천과도 같아서 몇 번 접는 정도로는 쉽게 원래대로 펴지지만, 반복해서 접으면 흔적을 제거할 수 없다.

집중을 통해 걱정하는 습관을 없앨 수도 있다. 사소한 문제로도 근심하는 버릇을 가지고 있다면 몇 분 정도 집중하면서 얼마나 사소한 일인지 살펴보라. 작은 일에도 화가 나고 초조해지는 버릇을 가지고 있다면 그럴 때마다 즉시 자신을 되돌아보라. 호흡을 깊게 하면서 다음과 같이 말하라. 쉽게 자신의 상태를 극복할 것이다.

"나는 나약해지고 싶지 않다. 나는 나의 주인이다."

/ 훈련 11 /

집중을 통해 분노를 쉽게 통제할 수 있다. 당신은 사소한 도발에도 불같이 화를 내면서 자신을 통제하려 들지 않는 부류에 속하는가? 다음과 같은 질문을 잠시 생각해 보라. '화가 대체 어떤 유익함을 가져다주는가?' '화를 통해 무엇을 얻는가?' '화가 차분함을 잃도록 만들지는 않는가?' '분

노가 계속 자라나서 당신을 아는 이들이 경멸하도록 만들 것을 모르는가?'

모두들 실수를 하는 법이다. 잘못을 저지른 사람에게 화를 내는 대신 이렇게 말하라.

"다음엔 조심하세요."

잘못을 저지른 사람의 인상에 강력하게 남을 것이고, 다음부터는 신중해질 것이다. 실수를 두고 계속해서 불평만 한다면 실수한 생각이 지속적으로 남아 곧 실수를 반복할 가능성이 높아진다. 자기 통제력의 부족은 집중하는 법을 배우기만 한다면 얼마든지 극복되는 문제이다.

독자 중 많은 이들은 이러한 잘못과 자신은 전혀 무관하다고 생각할 수도 있다. 하지만 조심스럽게 되돌아보면 관련이 많다는 사실을 발견할 것이다. 그렇다면 다음과 같은 확언을 매일 아침 반복하면 큰 도움이 될 것이다.

"오늘 나는 의미 없는 몸동작을 만들거나, 사소한 일을 근심하거나, 별것 아닌 일에 화를 내어 초조해지지 않도록 노력할 것이다. 나는 평안함을 추구할 것이며, 주위 상황이 어떻든 자신을 통제할 것이다. 자기 통제력의 부족을 나타내는 어떠한 신호도 나에게는 관련이 없도록 하겠다."

밤에는 하루 동안 행동이 어땠는가를 빠르게 되짚어 보

라. 아침에 세운 목표를 얼마나 잘 지켰는가도 살펴보라. 당연히 처음 몇 번은 자신의 확언을 어겼음을 고백하게 된다. 이러한 날을 반복하면 마침내 완벽에 가깝게 삶을 꾸려 나가게 될 것이다.

자기 통제력을 갖게 되더라도 위 확언을 잊어버리지 말라. 때로는 아침에 확언을 하고 저녁에는 행동을 되짚어 보는 과정이 필수적이다. 자기 통제라는 습관이 너무나도 확고히 자리 잡아서, 심지어 스스로 노력해도 부술 수 없을 정도가 되기 전까지는 훈련을 계속해서 반복하라. 아침의 확언과 저녁의 돌아봄이 삶에 놀라운 변화를 가져왔다고 고백한 사람은 매우 많다. 당신도 이런 방식으로 삶을 살아간다면 변화를 느끼게 될 것이다.

/ 훈련 12 /

거울을 앞에 두고 대화하는 훈련을 하라. 눈높이에 맞추어 거울에 두 개의 표시를 남겨라. 표시가 당신을 바라보는 사람의 눈이라고 생각하라. 처음에는 아마 표시를 바라보는 눈이 꽤나 깜빡일 것이다. 그래도 곧게 서서 고개를 돌리지 말라. 머리를 가만히 고정한 상태로 유지하는 것에 생각을 모아라. 다른 어떠한 생각도 마음에 들어오지 않도록 하라.

머리와 눈, 몸을 전부 안정된 상태로 유지하며 자신이 '의지할 사람'의 모습을 갖추고 있다고 생각해 보라. 누구라도 믿게 되는 사람이라고 생각하라. 자신의 겉모습을 보고 다른 사람이 다음과 같은 생각을 하게 해서는 안 된다.

"그의 겉모습이 마음에 들지 않아. 그를 신뢰하지 못하겠어."

거울 앞에 서 있는 동안 깊은 호흡을 연습하라. 당신의 방 안에는 신선한 공기가 가득하다. 당신은 실제로 신선한 공기를 먹어 치울 수 있다. 머금은 공기가 전 세포에 스며들면 당신의 소심함이 사라진다는 것을 알게 된다. 소심함이 사라진 자리는 평화로움과 에너지로 대신 채워진다.

자신의 얼굴 근육과 눈에 대한 지배력을 가진 사람은 이목을 끌기 마련이다. 그는 대화하는 상대에게 보다 강력한 인상을 남긴다. 그가 차분하고 강인하다는 느낌을 불러일으켜 반감이 모두 녹아 없어지도록 한다.

하루에 3분 정도면 훈련에 충분한 시간이다. 훈련을 시작하기 전에 시계를 두고 시간을 재도록 하라. 훈련을 5분

이상 할 수 있게 하라. 다음 날에는 의자에 앉아서 그림에 집중해 보라. 그림을 보지 않은 채 상세한 부분들을 기억해 낼 수 있는지 시험해 보라. 아마도 위와 같은 집중하는 훈련을 하기 전보다 많은 것을 생각해 낼 것이다. 첫날에 기억해 낸 것을 종이에 적어 두고 날마다 새로 발견한 것을 목록에 더해 가는 방법도 좋다. 역시 훌륭한 집중하기 훈련이 된다.

/ 훈련 13 /

감각을 훈련하라. 시원한 곳에 있다면 무슨 느낌이 들지 생각해 보라. 추운 곳에 있다면 무슨 느낌이 들지도 생각해 보라. 완전한 혹한 속에서는 어떨지 상상해 보라. 당신은 아마도 몸을 덜덜 떨고 있을 것이다.

이번에는 정반대의 상황을 생각해 보자. 무척 추운 날에도 따뜻함을 느낄 정도의 열기를 생생한 이미지로 만들어 보라. 이와 같은 경지에 이를 때까지 상상력을 훈련하는 것은 실제로 가능하다. 이런 수준에 이르면 험난한 상황을 견디게 하는 실용적인 기능을 수행한다.

좋은 훈련들은 아주 많이 생각해 낼 수 있다. 어떤 이유에서든 무언가를 먹지 않기로 결심했는데 배가 고프거나 목이 말라 온다고 하자. 그러면 얼마나 배고프고 목마른지 생각하지 말고 방금 푸짐한 식사를 끝낸 자신을 상상하면서 견뎌 내라. 무언가에 의해 고통을 느끼고 있다고 하자. 고통을 생각하여 더 괴로워하지 말고 다른 무언가로 주의를 돌려라. 고통이 점차 수그러드는 자신을 느낄 것이다. 이러한 형태로 체계적인 훈련을 시작한다면 곧 몸의 편안함에 영향을 끼치는 모든 것들을 제어하는 완벽한 통제력을 얻을 것이다.

/ 훈련 14 /

동양적인 방법을 이용해 보라. 높은 등받이가 있는 의자에 올곧은 자세로 앉는다. 손가락 하나로 오른쪽 콧구멍을 막아라. 길고 깊은 숨을 들이쉬어 10을 셀 동안 내면에 부드럽게 숨결을 채워 넣어라. 이제 오른쪽 콧구멍을 열어 10을 셀 동안 숨이 다 빠져나가도록 하라. 반대편 콧구멍으로도 똑같은 훈련을 반복하라. 한번 앉을 때마다 최소 스무 번 정도는 반복해야 한다.

/ 훈련 15 /

욕망을 제어하라. 통제하기 어려운 힘 중 하나인 욕망은 집중 훈련에 있어 훌륭한 도구를 제공해 준다. 예를 들어, 자기가 아는 무언가를 다른 이에게 말하고 싶어 하는 욕망은 무척 자연스럽다. 자연스러운 경향을 참고 욕망을 통제하는 방법을 익힌다면 놀라울 정도로 집중력을 기르지 않겠는가. 기억하라. 자신에게 필요한 일은 스스로 해낼 수 있다. 다른 사람을 생각하거나 관련된 이야기를 하는 데 시간을 낭비하지 말라.

누군가를 관찰하여 해악이 되는 자질이 있음을 알게 된다면 혼자만 간직하라. 당신의 의견이 나중에 틀렸다고 밝혀질 수도 있다. 다른 이유도 있다. 옳든 그르든 자신의 의견을 다른 사람에게 이야기하는 것을 참아 낸다면 욕망을 통제하는 의지를 기를 수 있기 때문이다. 설사 기쁜 소식을 듣더라도 다른 사람에게 알리고 싶은 욕망에 저항하라. 그로 인해 당신에게도 이로움이 돌아올 것이다.

이런 욕망을 막아 내기 위해서는 내적인 힘을 집중시키는 과정이 반드시 필요하다. 자신의 욕망에 대한 완전한 통제를 가지게 된 후에야 비로소 다른 이들에게 알려도 좋다. 그처럼 완벽하게 준비가 되기 전까지는 다른 이들과 공유하고 싶은 욕망을 억눌러야 한다. 욕망에 대한 통제력을 갖지 못한 이들은 종종 말해서는 안 되는 것까지도 쉽사리 이야기한다. 자신과 다른 사람들까지 무의미한 곤경에 처하게 하는 것이다.

불쾌한 소식을 들으면 흥분하는 버릇을 가지고 있는가. 자신을 통제하고 어떠한 놀라움의 표시도 없이 받아들이도록 해보라. 그저 당신에게 다음과 같이 말하라.

"아무것도 나에 대한 통제력을 잃게 할 수 없다."

자기 통제력이 당신이 하는 일에 굉장히 가치 있는 능력이 될 것이다. 당신을 냉정한 사업가로 우러러볼 것이고, 이는 곧 굉장한 자산이 될 것이다. 물론 상황에 따라 경우가 달라지기도 한다. 때로는 무언가에 열광하는 것이 필요할 수도 있다. 하지만 언제나 자기 통제력을 기르는 훈련의 기회를 찾아보라.

"자신의 마음을 다스리는 자는 성을 다스리는 자보다 나으니라."(잠언 16:32)

/ 훈련 16 /

무언가를 읽을 때의 조언이다. 누구도 현재 눈앞에 놓인 대상에 집중하지 않고서는 올바른 생각을 할 수 없다. 명료하게 사고하도록 자신을 훈련시켜야만 한다. 훌륭한 훈련법 중 하나는 짧은 이야기 몇 개를 읽고 요약하는 문장을 써 보는 방법이다. 신문 기사를 읽고 얼마나 적은 수의 단어로 표현할 수 있는지 실험해 보라.

오직 핵심만을 얻기 위해서 신문 기사를 읽는 작업은 강력한 집중을 요한다. 읽은 것을 다시 요약할 수 없다면 집중력이 약한 셈이다. 원한다면 글로 쓰는 대신 말로 표현해 보아도 좋다. 방에 가서 누군가와 대화하듯이 내용을 풀어 보라. 이러한 훈련은 집중력 개발과 생각하는 방법 배우기에 굉장한 도움이 된다.

짧은 글을 통한 간단한 훈련을 몇 번 반복했다면 20분 동안 책을 읽고 나서 내용을 글로 옮겨 보라. 아마도 처음에는 책의 사소한 부분을 별로 기억해 내지 못할 가능성이 높다. 그래도 조금만 훈련한다면 이내 내용을 섬세하게 풀어낼 것이다. 집중이 잘 이루어질수록 풀어 놓는 이야기가 정확해진다.

훈련할 시간이 촉박하다면 짧은 문장 하나만 읽어 보고 핵심 단어를 써 보는 방법도 좋다. 이것이 가능하다면 한 번에 두 문장 이상을 읽고 비슷한 훈련을 해보라. 무언가를 읽는 동안 집중하지 못하는 버릇이 사라질 때까지 계속하면 긍정적인 결과를 얻을 것이다.

자신의 여가 시간을 위에서 말한 훈련을 하는 데에 이용한다면 놀라운 집중력을 얻을 것이다. 문장을 읽고 기억해 내려면 그 내용 외에 다른 생각들을 머리에서 몰아내야 한다. 이러한 차단의 힘은 훈련하며 힘들었던 것보다 많은 보상을 당신에게 돌려준다.

훈련의 성공은 읽고 있는 내용을 강도 높은 집중을 통하여 마음속으로 형상화하는 능력을 얼마나 잘 길러 내느냐에 달려 있다. 한 작가의 표현을 빌리자면, 형상화의 힘은 들었던 모든 것이 산을 이루어 앞에 나타나도록 하고, 읽었던 모든 것이 강을 이루어 발아래 흐르도록 하는 힘이다.

/ 훈련 17 /

집중은 나쁜 습관을 극복하게 해준다. 없애고 싶은 버릇을 가지고 있다면 먼저 눈을 감고 진정한 자아가 앞에 서 있는 모습을 상상해 보라. 자신에게 다음과 같이 말하여 확언의 힘을 이용하라.

"너는 허약한 이가 아니다. 너는 원한다면 얼마든지 이 습관에서 벗어날 수 있다. 이 습관이 나빠서 부수고 싶지 않은가."

당신이 타인의 입장에 서서 충고하는 방법인데, 굉장히 가치 있는 훈련이다. 다른 사람이 당신을 보는 것처럼 자신을 바라볼 수 있기 때문이다. 나쁜 습관은 당신에 대한 통제력을 잃을 것이고, 곧 당신은 해방될 수 있다. 다른 사람처럼 자신을 통제하는 장면을 마음속으로 그려 보면 기쁜 마음으로 나쁜 습관을 없애 나갈 것이다. 이런 방법을 통해 과도하게 술을 마시는 습관에서 벗어난 이들을 많이 알고 있다.

/ 훈련 18 /

시계를 이용한 집중 훈련이다. 의자에 앉아 분침이 있는 시계 하나를 테이블 위에 두어라. 움직이는 분침을 눈으로

좇아라. 분침 이외의 다른 것은 절대 생각하지 않으면서 5분 동안 계속하라. 다른 생각들을 의식의 흐름 아래에 밀어 두는 일이 충분히 가능하다면 훈련 시간이 몇 분밖에 없을 때에 해도 좋다.

시계의 분침에는 별로 흥미로운 점이 없어서 집중하기 힘들지만, 그만큼 추가적인 의지의 힘을 들여 노력하는 것에 이 훈련의 가치가 숨어 있다. 훈련을 하는 동안 몸은 최대한 가만히 있도록 노력해야 한다. 자신의 신경에 대한 통제력을 얻을 것이다.

/ 훈련 19 /

믿음을 이용한 집중 훈련이다. 집중력에 믿음을 가지는 것은 중요한 일이다. 원래는 내용상 맨 처음에 나와야 하는 훈련이지만, 일부러 그렇게 하지 않았다. 우선 집중하는 방법을 배우고 오기를 원했기 때문이다. 위에서 말한 훈련들을 충분히 연습했다면 상당한 수준의 집중력을 갖게 되었을 것이다. 따라서 이미 집중력에 대한 믿음이 있을 것이다. 하지만 여전히 당신에게는 더욱 강한 믿음을 가질 여지가 남아 있다.

당신에게 이루고 싶은 욕구나 소망이 있다거나, 특별한 조언이 필요한 상황이라고 해보자. 먼저 원하는 바에 대한 명료한 이미지를 마음에 그리고 집중해야 한다. 열망이 실현되리라는 완전한 믿음을 가져라. 실현은 믿음에 달려 있다고 생각해야 한다. 이런 시기에는 믿음을 분석하려 들지 말라. '왜 그런가?', '무엇 때문인가?' 같은 물음에 신경 쓰지 않아야 한다. 그저 원하는 바를 얻고자 할 뿐이다. 올바른 방법으로 집중해 내기만 한다면 실제로 얻지 않는가.

주의하라. 성공하지 못한다는 생각은 절대 하지 말라. 원하는 바가 이미 당신 것이라고 상상하라. 그러면 확실히 당신 것이 된다. 자신에 대한 의심을 없애라. 혹시 자신을 불신하고 있지는 않은가? 그렇다면 자신에게 물어보라. 자신의 어떤 부분을 믿지 못하는가? 그러고서 다음과 같이 말하라.

"나의 숭고한 자아는 절대 흔들리지 않는다."

숭고한 자아의 놀라운 힘을 생각해 보라. 어려움에는 극복 가능한 길이 있다. 불쾌한 대화나 사건을 두려워하고 겁먹는 데에 귀중한 생각의 힘을 사용하지 말라. 대신 어떻게 하면 최고의 대화나 사건으로 만들지에 대해 시간과 집중된 생각을 쏟아라.

어려움은 대부분 상상에 의한다. 두려움은 마음의 습관일 뿐이다. 두려워하는 마음이 실제로 어려움이 나타나도록 끌어당긴다. 위협적인 주변 환경은 자신의 부정적인 생각, 두려움과 잘못된 상상이 만들어 내거나 끌어당긴 것에 불과하다. 동시에 우리 안의 내재적인 힘을 발견하여 해악을 이겨 내는 법을 배우는 수단이자 기회가 되기도 한다.

자신에 대한 불신을 극복하려면 잠시 불신을 멈추고 정신적 힘들을 모아야 한다. 자신을 왜 믿지 못하는지 생각해 보는 과정은 아주 유용하다. 절대 불신을 갖지 않는 보다 숭고한 자아에 가까이 다가갈 수 있기 때문이다.

기억에
집중하라

무언가를 잊어버리는 것은 목적에 마음을 집중하지 않았기 때문이다. 특히 생각을 처음 떠올렸을 때 집중하고 있지 않았을 것이다. 우리는 오직 깊은 인상을 남긴 일만 기억한다. 특정한 생각을 기억하고 싶다면 마음속에서 다른 생각과 이리저리 엮어 인상을 강화해야 한다.

한 여자가 남편에게 편지를 부쳐 달라고 부탁하는 경우를 생각해 보자. 남편은 별다른 생각을 하지 않고 그대로 편지를 주머니에 넣은 채 까맣게 잊어버리고 만다. 남편은 처음에 아내가 편지를 건네주었을 때 이렇게 말했어야 한다.

"내가 편지를 부칠게. 우체통은 다음 골목에 있으니까 골목을 지나면서 넣을게."

깊은 인상을 갖도록 관련된 생각들을 함께 떠올렸더라면 우체통을 보자마자 부쳐야 할 편지를 즉시 기억해 냈을 것이다. 똑같은 법칙이 다른 중요한 일에도 마찬가지로 적용된다. 누군가 당신에게 점심시간에 잠시 스미스한테 가서 만나 보라고 지시했다 해보자. 당신이 지시를 들은 순간 자신에게 다음과 같은 말을 했다면 절대 약속을 잊지 않을 것이다.

"점심을 먹으러 가는 길에 블랭크 거리에 있는 골목에 도착하면 오른쪽으로 돌아서 스미스에게 찾아가야지."

한번 인상이 만들어지면 '연결 관계'가 형성된다. 즉, 특정한 대상을 보면 해야 할 일이 떠오르는 것이다. 골목을 보고 약속을 떠올리는 것처럼 말이다.

무언가가 마음속에 들어오는 순간의 인상이 가능한 깊어지도록 하는 것이 중요하다. 이것은 생각 자체에 집중하는 방법 외에 다른 연결된 생각을 주위에 잔뜩 둘러놓는 방법으로도 이루어진다. 그렇게 하면 어느 한 가지 생각을 할 때마다 연관된 다른 생각과 관련된 기억이 계속 강화된다.

마음은 연결 관계라는 법칙의 지배를 받는다. 생각이 마음속에 떠오르면 동시에 연관되어 있는 다른 생각도 함께 나타난다는 법칙이다. 결국 기억해 내고 싶은 무언가를 떠올리지 못하는 이유는 처음 생각을 갖게 되었을 때 충분히 대상에 정신을 집중하지 못했기 때문이다. 다시 말하면, 처음 생각을 떠올리는 동안 대상에 충분히 주의를 집중하여 무언가를 잘 기억하도록 자신을 훈련시킬 수 있다는 것이다. 이때 연결 관계의 법칙이 우리를 돕는다.

위와 같은 습관을 갖게 되면 주의가 쉽게 집중되고, 기억력도 많이 향상된다. 그러면 기억이 중요한 순간에 제 기능을 발휘하지 못하는 대신 매일매일의 업무에 도움이 되는 귀중한 자산이 될 것이다.

기억에 집중하는 훈련을 하라. 그림 하나를 골라서 테이블 위에 두고 2분간 살펴보라. 그동안 주의를 그림에 모으고 세세한 묘사까지 관찰하라. 2분이 지나면 눈을 감고 얼마나 기억해 내는지 시험하라. 그림이 무엇을 나타내는지, 어떤 대상을 그린 그림인지, 자연스러워 보였는지 떠올려 보라. 앞쪽에는 무엇이, 중간과 배경에는 무엇이 있었는지 기억해 보라. 색채와 모양을 세밀하게 묘사해 보라.

이제 눈을 뜨고 그림을 보며 과연 무엇이 맞고 무엇이 틀렸는지 엄격하게 찾아보라. 그러고 나서 다시 눈을 감고 이번에는 얼마나 정확하게 그림을 기억해 내는지 확인하라. 마음속 그림의 모두가 실제 그림과 일치하기까지 훈련을 계속하라.

자연은 놀라운 인도자이다. 그러나 자연과 함께할 때 진정한 우리를 찾게 된다는 사실을 아는 사람은 별로 많지 않다. 자연의 목소리에 귀 기울이면서 우리의 호기심 많은 내면의 정신을 마주하게 된다. 삶의 유일함을 깨달아 우리의 잠재적 힘을 깨우는 것이다.

귀 기울이기와 집중하기라는 간단한 행동이 우리의 강력한 내적 힘이라는 것은 적은 수의 사람만이 알고 있다. 두 행위는 우리의 보다 숭고한 자아에 가까이 닿게 해준다. 다른 감각들이 그와 반대되는 거칠고 세속적인 인간의 본성 쪽으로 우리를 이끄는 것과 비슷한 원리이다. 자연과 가까이 살수록 집중과 귀 기울임이라는 숭고한 감각을 기르게 된다. 흔히 말하는 '문명'은 숭고한 감각을 희생하고 세속적인 감각을 기르도록 했다.

어린아이들은 무의식적으로나마 집중의 가치를 깨닫곤한다. 한 아이에게 해결하기 어려운 문제가 생겼다고 하자. 혼자서는 아무리 노력해도 해결할 수 없는 뒤엉킨 지점에 도달하면 아이는 행동을 멈추고 잠시 가만히 있는다. 자신의 팔꿈치에 기대어 무언가를 들으려는 자세를 한 채 기다린다. 계속 보고 있으면 어느 순간 아이가 갑자기 깨달음을 얻은 듯 유쾌하게 일을 마저 해결해 낸다. 본능적으로 아이는 자신에게 도움이 필요하면 잠시 멈추어 집중을 해야 한다는 사실을 알고 있는 것이다.

위대한 사람들은 집중을 해내며, 자신의 성공을 집중의 덕으로 돌린다. 의사도 종종 환자의 상태를 되짚어 보며 가만히 영감이 찾아오기를 기다리는 경우가 있다. 대개 무의식적으로 일어나는 상태이기는 하지만, 이런 식으로 진단을 내리는 의사는 거의 실수를 하지 않는다. 작가도 글의 개요를 마음에 담고서 깨달음이 찾아오기를 기다린다. 무언가 어려운 문제를 해결하기를 원한다면 이와 같이 행동하는 방법을 배워야만 한다.

나는 왜
시간이 늘 모자랄까?

4장

집중으로
무엇을 얻는가?

집중으로
열망을
실현하는 방법

"무언가를 하고자 하는 욕망은 곧 해낼 수 있다는 능력을 의미한다. 이것은 정신적인 법칙이다."

많은 멋진 일들을 실현시켜 주었던 동화 속 '알라딘의 램프'에 대해 들어 본 적이 있을 것이다. 물론 동화에 불과하지만, 사람의 내면에는 잠들어 있는 힘이 있다는 이야기이다. 내면의 힘을 사용하면 소망을 이룬다는 의미이다.

강렬한 자신의 열망을 아직까지 채우지 못하고 있다면 이제는 신이 내려 준 힘을 사용하는 방법을 배워야 할 시기이다. 개발되기만 하면 가치를 매기지 못할 정도로 귀중한 가르침과 무한한 성공의 가능성이 담긴 힘이다. 아마도 금세 당신에게 그러한 잠재적인 힘이 있다는 사실을 알게 될 것이다.

사람은 본래 모든 것을 충분히 누려야 한다. 많은 이들의 상황처럼 단지 살아가는 데 필요한 수준만 가지고 있어서는 안 된다. 우리가 가진 태생적인 열망은 실현 가능한 것이다. 우주의 무한한 정신은 자신이 줄 수 없는 것을 우리가 욕망하도록 내버려 둘 리가 없지 않은가.

진정한 영혼은 생각하는 힘 안에 놓여 있다. 따라서 생각하는 힘은 피조물인 인간의 본질이다. 본성은 우리를 생각으로 이끌며, 우리의 생각 속에는 막대한 가능성이 들어 있다. '생각의 발전'이야말로 생각을 초월하는 우주적인 힘의 도움을 받아 세계의 위대한 진보를 이끌었기 때문이다.

침묵 속에서 우리는 생각을 초월하는 '우주적 존재'를 의식할 수 있다. '우주적 존재'는 우리의 생각을 자신이 전하고자 하는 바를 표현하기 위한 수단으로 사용한다. 많은 이들이 '우주적 존재'를 어렴풋이 낌새를 채고 있다. 하지만 심오함을 헤아릴 정도로 가까이 다가갈 만큼 평온한 마음의 상태에 도달한 이는 거의 없다. 침묵, 그리고 집중된 생각은 밖으로 내뱉은 말보다 큰 잠재력을 가지고 있다. 밖으로 말을 꺼내면 필요 없는 일에 많은 주의가 끌려 마음의 집중력을 흔든다.

사람은 더욱더 자신에게 의지하는 방법을 배워야만 한다. 자신 안에 있는 무한한 정신을 찾아 나서야 한다는 것이다. 오직 이 방법을 통해서만 당신에게 닥친 어려움을 해결할 힘을 얻는다. 무한한 정신이 베풀어 주는 자원이 있으면 모든 것이 가능하기에 누구도 포기해서는 안 된다. 누군가 실패하는 이유는 성공을 찾으려 하면서 잘못된 방향으로 나아가고 있기 때문이다. 사용되기만 한다면 올바르게 이끌어 줄 진정한 힘을 의식하지 못하고 있어서이다.

자신의 정신적인 힘을 개발하지 않고 삶을 살아온 이들에게는 무한한 정신이 낯설 수밖에 없다. 무한한 정신은 오직 스스로 돕는 자만을 돕는다. 특별히 정해진 '섭리' 따위는 존재하지 않는다. 사람은 단지 위대한 정신의 도움을 믿고, 소망하고, 기도하는 만큼만 도움을 얻는다.

원하는 것에 집중하여 얻으라. 나약한 사람들은 주변 환경에 휩쓸리곤 한다. 강한 사람은 주변 환경을 통제한다. 정복자가 되든 정복당하든 둘 중 어느 것이라도 될 수 있다. 집중의 법칙에 의한다면 마음속 열망을 모두 성취할 수 있다. 너무나도 강력한 법칙이어서 처음에는 불가능해 보이던 것도 실현 가능하게 된다. 무턱대고 꿈이라고만 여겼던 것도 현실이 된다.

집중에서의 첫걸음은 이루고 싶은 것에 대한 마음속 이미지를 그려 내는 작업이다. 이러한 이미지는 생각의 씨앗이 되어 주위의 비슷한 성질을 가진 생각을 끌어당긴다. 한번 당신의 마음속 창조적인 영역에 자리 잡으면 주위로 그와 연결된 생각이 모여든다. 당신의 열망이 깊은 집중을 이끌어 낼 정도로 간절한 상태인 한 계속해서 자라날 것이다.

하루에 5분 동안 성취하려는 일에 관해 생각하는 습관을 들여라. 다른 생각은 의식에서 차단하라. 당신이 성공한다는 믿음을 가져라. 앞길에 놓인 장애물은 이내 극복된다고 여겨라. 당신은 어떠한 환경에서도 꿋꿋이 일어선다는 마음을 먹어라. 생각의 세계에 놓인 강력한 법칙을 이용하면 이런 마음가짐을 가질 것이다.

집중력 향상에 큰 도움이 되는 방법 중 하나를 보자. 당신의 마음에 가까이 닿아 있는 생각을 글로 남겨 두고 조금씩 리스트를 더해 가는 방법이다. 그리하여 가능한 거의 모든 생각이 리스트에 담길 때까지 계속한다.

의식의 흐름 한가운데에 어떤 생각을 두고 정신적인 힘을 모아 보라. 관련된 새로운 계획, 아이디어, 접근 방법 등이 마음속에 불현듯 나타날 것이다. 세계에는 '이끌림의 법칙'이 있어서 당신의 목표 달성을 도와준다.

광고를 하는 사람이 어떤 물건의 광고에 관한 생각을 품게 되었다고 해보자. 그는 자신만의 아이디어를 가졌지만, 과연 다른 사람들은 어떻게 생각할지 궁금할 것이다. 그는 관련된 생각을 찾아 나서서 주제에 연관된 많은 책, 계획, 디자인 등을 찾아낸다. 처음에는 다른 생각의 존재조차 몰랐지만, 이제 도움이 되는 보다 많은 아이디어들을 찾은 것이다.

어떠한 일이든 똑같은 내용이 적용된다. 우리를 도울 것을 끌어들이는 것이다. 우리는 종종 기적적인 형태로 도움을 받고는 한다. 비록 속도가 느릴 수는 있어도, 일단 보이지 않는 우주적인 힘이 작용한다면 우리가 제 역할을 다하는 한 멋진 결과를 가져다준다.

도움은 언제나 주위에 머무르며 늘 준비된 상태로 놓여 있다. 열망에 대한 강력한 마음의 그림을 그리면 자신에게 이로움이 되는 생각의 씨앗을 심게 된다. 당신이 자신의 숭고한 자아와 조화를 이루면 얼마 지나지 않아 열망은 실현될 것이다.

어쩌면 오직 당신에게 유익하게 작용할 성취, 다른 이에게 해악을 입히지 않을 성취만을 위해 집중하라는 경고는 너무나도 당연해서 전혀 불필요하게 느껴질지도 모른다. 하지만 세상에는 성공하고자 하는 초조함에 자신과 타인의 권리를 잊어버리는 사람이 꽤나 많다.

좋은 일은 분명 성취할 만하지만, 오직 당신의 힘을 '질서'에서 벗어나지 않는 선에서 사용했을 때의 이야기이다. '질서'란 삶의 길을 걸어가는 동안 동료 여행자를 정의롭고 공정하게 대할 것을 요구한다. 일단 당신이 원하는 바를 다시 생각해 보라. 정말 당신에게 좋은 일인지 되짚어 보라. 좋은 일이라면 자신에게 말해도 좋다.

"나는 이 일을 하기를 원한다. 나는 목표를 얻기 위해 열심히 노력할 것이다. 그러면 나를 위한 길이 열릴 것이다."

정신적으로 성공을 강하게 붙잡고 매일매일 마음속에 간직하면 점차 실현을 위한 '패턴'이나 틀을 만들어 내게 된다. 반대되는 의심과 공포, 해악적인 힘은 어떠한 수단을 써서라도 멀리 두도록 하라. 이것들이 당신의 생각 속으로 들어오도록 해서는 안 된다.

마침내 당신은 열망하던 환경을 만들게 될 것이다. 그 과정에서 생각지도 못한 방식으로 도움을 받아 당신이 열망하지 않던 환경에서 벗어날 것이다. 그렇게 되면 당신의 삶은 전혀 다르게 보일 것이다. 그때쯤이면 주위 환경의 노예가 되는 대신 환경을 마음대로 통제하도록 해주는 당신 안의 힘을 일깨워 삶의 기쁨을 찾기 때문이다.

위와 같은 내용을 많이 접해 보지 못한 이들은 이 책에 나오는 내용 중 일부가 굉장히 이상하거나 심지어 엉터리처럼 들릴지도 모른다. 내용을 계속 무시하거나 경멸하지 말고 한번 그대로 시도해 보라. 그래야 효과가 있는지 알게 된다. 발명가가 무언가를 만들려면 먼저 마음속으로 아이디어를 정돈해야 한다. 건축가도 지을 집에 대한 마음속 그림을 먼저 그린다. 그런 후에야 실제 발명품이나 집이 만들어진다. 모든 물건, 모든 사업은 먼저 마음속으로 청사진이 그려져야만 한다.

나는 단돈 13센트와 1달러만큼의 가치도 없는 신용 수준을 가지고 사업에 뛰어든 사람을 알고 있다. 10년 만에 그는 거대하고 수익성 높은 사업을 이끌게 되었다.그는 성공한 이유를 두 가지 요인으로 돌린다. 성공할 것이라는 믿음과 고단한 노력이다.

때로는 폭풍우를 극복하지 못할 것만 같던 시기도 있었다. 그가 파산했다고 생각하는 채권자들에게 압력을 받기도 했다. 채권자들은 그의 1달러짜리 채권에서 50센트만 되돌려 받아도 행운이라고 여길 정도였다. 그는 계속 용감한 자세를 유지했고, 덕분에 필요한 시간을 좀 더 벌었다.

갚아야 할 돈이 너무나도 절실하게 필요할 때마다 그는 언제나 돈을 구하였다. 그는 큰 금액을 내야 할 때면 자신에게 빚진 사람들이 꼭 제시간에 돈을 갚아 주리라고 굳게 믿었다. 실제로 빚진 사람들은 그의 바람대로 해주었다. 때로는 돈을 구해야 하는 마지막 날까지 대금을 받지 못한 적도 있었다. 그럼에도 그는 다음 날이면 대금을 보내 주리라고 믿고 예정대로 큰 금액을 지출했다. 사람들에게 돈을 받을 것이라는 생각에 대한 집중 이외에는 다른 방법이 없었다. 당연히 사람들은 그를 실망시키지 않았다!

필요한 만큼의 집중된 노력을 보이도록 하라. 그러면 당신도 모르는 곳에서 놀라운 도움의 손길이 찾아올 것이다. 전능한 제우스의 말을 기억하라.

"네가 열망하는 것이 무엇이든 이미 받았다는 태도로 기도하라. 그러면 실제로 얻을 것이다."

집중으로
이상을
실현하는 방법

이상주의자라고 불리는 사람들에 대해 듣곤 한다. 사실 우리 모두가 어느 정도는 이상주의적이다. 우리가 그리는 이상이 성공을 결정하기도 한다. 실체가 있는 무언가를 얻거나 성취하고자 한다면 먼저 마음속의 그림을 그려야 한다. 모든 것은 마음에서 우선 태어나는 법이다.

자신의 생각을 통제할 수 있다면 당신은 창조주가 된다. 당신은 우주로부터 신성한 생각을 받을 것이고, 필요에 맞게 다듬을 것이다. 세상의 모든 것은 당신이 생각하는 그대로 받아들여진다. 행복과 성공도 당신의 이상에 달린 것이다.

당신이 경험하는 주변 환경은 의식적으로든 무의식적으로든 자신이 초래한 것이다. 당신이 내딛는 발걸음이 과연 성공을 가져올지를 결정한다. 이 귀중한 가르침을 기억하라. 내딛는 발걸음 하나마다 집중한다면 필요 없는 발걸음을 많이 줄일 것이다. 빙 돌아가는 길 대신 언제나 곧게 뻗은 길을 선택하는 것이다.

당신의 이상에 집중하면 실체를 갖게 될 것이다. 집중을 통해서 이상을 물리적인 세계로 끌어올 수 있다. 미래는 지금 그리고 있는 이상에 의해 결정된다. 과거 이상들이 모여 현재를 결정한 것이다. 밝은 미래를 원한다면 당장 오늘부터 수준 높은 이상을 준비해야 한다.

오직 자신만이 자신을 다치게 할 수 있다. 다시 말해, 다른 사람을 다치게 하는 것처럼 보여도 사실은 자신을 해치고 있는 사실을 깨닫기만 한다면 세상은 얼마나 달라졌을까!

사람은 날씨처럼 변덕스럽다고 말한다. 이상이 자주 변한다는 의미이다. 이상을 바꿀 때마다 뭔가 다르게 생각해 보라. 이상을 바꾸면 바다 위의 방향타 없는 배와 같은 존재가 된다. 당신은 이상이 실현될 때까지 꽉 붙들고 있는 것의 중요성을 깨달아야만 한다.

아침에 일어나면 무엇이라도 당신을 화나게 할 수 없다는 군은 마음을 가져라. 강인한 힘과 차분함을 지닌 사람에 대한 하나의 이상이다. 가끔씩 무언가가 당신을 완전히 화나게 만들어 이성을 잃도록 할 수도 있다. 그렇게 내버려 두면 이상을 망각하는 것과 같다. 과연 차분하고 안정된 사람이었다면 어떻게 했을지 생각해 보라. 아마 화를 내지 않았을 것이다. 차분함을 잃는 것은 오로지 이상을 망각했을 때뿐이다. 이상이 깨지도록 내버려 둘 때마다 의지력을 조금씩 잃는다. 반대로 자신의 이상을 꽉 붙들면 의지력이 길러진다.

왜 너무나도 많은 이가 실패를 경험할까? 이상을 충분히 붙들지 못해 정신적인 습관이 되지 않았기 때문이다. 이상 외의 모든 것을 차단하고 집중했더라면 현실로 이루어졌을 것이다.

"내가 생각하는 자신의 모습이 곧 내가 된다."

이상은 보이지 않는 정신에 의해 우리에게 주어진다. 물질세계와 정신세계를 지배하는 질서는 결코 동일하지 않다. 물질적인 질서는 무너질 수 있지만, 정신적 질서는 그렇지 않다. 이상을 끈질기게 붙들고 있는 만큼 질서가 당신의 미래를 약속한다.

인간이 무언가로 고생하는 것은 예정된 상황이 아니다. 자연의 질서에 따르지 않아서 고생을 스스로 끌어당긴 것이다. 자신도 사실을 알고 있었기에 모르는 일이었다고 용서를 구할 수도 없다. 그렇다면 왜 질서를 무너뜨릴까? 무한한 정신이 마음속에 나타나도록 내려 준 '이상'에 온전히 주의를 기울이지 않았기 때문이다.

인생은 하나로 펼쳐진 길과 같다. 원한다면 길에서의 매 발걸음마다 행복을 얻을 수도, 비탄을 얻을 수도 있다. 전적으로 당신이 미지의 세계에서 들려오는 우주적 힘의 조용한 속삭임에 얼마나 귀 기울이는가에 달려 있다.

한낱 육체적 기관에 불과한 귀로는 속삭임을 듣지 못하지만, 침묵 속에서는 꿈처럼 우리에게 찾아온다. 이런 형태로 위대한 생각이 일단 우리에게 와서 올바르게 사용되거나 잘못 사용되거나 한다. 따라서 새로운 생각을 얻기 위해 세상의 보물 창고를 찾으려 하지 말고 당신 안을 살펴보라. 그러면 밝게 빛나는 비전이 당신에게 찾아와 실현될 것이다.

매일 몇 시간 정도를 집중되고, 일관되고, 지속적인 '사고'에 투자해야 한다. 자신에 대해, 자신의 약점에 대해 연구해야만 한다. 누구도 반대편에 가고 싶다는 생각만으로는 담장을 넘어갈 수 없다. 반드시 직접 기어올라야만 가능하다. 마찬가지로 지루하고 단조로운 일상의 구덩이에서 벗어나고자 소망하는 것만으로는 누구도 벗어날 수 없다. 반드시 직접 기어올라야만 가능하다.

가만히 서 있거나 뒤로 돌아가고 있다면 무언가 잘못된 것이다. 무엇이 잘못되었는가는 직접 찾아내야 한다. 무시당하고 있거나, 이해받지 못하고 있거나, 인정받지 못하고 있다고 생각하지 말라. 그러한 생각은 실패를 부른다.

당신에게 질투를 불러일으키는 무언가를 가지고 있는 사람은 그것을 위해 열심히 노력했다는 점을 깊게 생각하라. 자신을 불쌍히 여기지 말고 냉정하게 비판하라. 기댈 수 있는 유일한 대상은 세상에 오직 자신뿐이라는 사실을 알고 있지 않은가.

창의력으로
마음을
다스려라

예전에 발명가들이 모이는 연회에 참석했다. 각지에서 모인 발명가들은 미래에 이루어질 일에 관한 각자의 생각을 짧게 나누고 있었다. 언급된 내용 중에는 굉장히 필요해 보이는 것들도 있었다.

누군가 무선 전화기의 가능성을 이야기했다. 그의 말에 따르면, 물리적인 거리는 이제 곧 소멸된다. 얼마 후면 1,000마일 떨어진 거리나, 심지어 해수면에서 40길 아래에 있는 잠수함에 탄 사람과도 이야기를 나누게 된다고 하였다. 그는 의견을 꺼내면서 혹시 의심하는 사람은 없는지 물어보았다. 아무도 나서지 않았다. 침묵은 단순히 눈치를 보는 예의범절의 일환이 아니었다. 오히려 그곳에 있던 사람들은 그의 비전이 미래에 실현되리라고 의심하지 않았던 경우이다.

천재와도 같은 사람 모두가 얼마 지나지 않아 1,000마일 떨어진 이와 아무런 무리 없이 소통할 수 있다고 생각했다. 만약 1,000마일이 넘는 거리에 무선 메시지를 보내는 도구를 만들 수 있다면 우리의 마음을 다른 이에게 전달하지 못할 이유가 있겠는가? 무선 메시지 전달과 사람의 밖으로 표출된 생각을 전달하기란 거의 동일한 난이도가 아니겠는가?

아마도 미래에는 강력한 영향력을 발산하기 위해 훌륭하게 마음을 개발한 사람을 기업이 고용하는 날이 올 것이다. 이러한 영향력은 너무나도 강력한 나머지, 다른 직원마저 부분적으로나마 통제되도록 할 것이다. 그리하여 마음의 힘을 기를수록 더욱 많은 이로움을 얻을 것이다. 자연의 이로운 힘을 당신에게 끌어당기고자 마음의 힘에 의지하게 될 것이다.

이미 오늘날에도 이루어지고 있다. 훌륭하게 구성된 기업은 직원들이 다 함께 노력을 한곳에 모으도록 하는 분위기를 갖고 있다. 각자 다른 일을 하지만, 모두가 최선의 결과를 이루기 위해 노력한다. 전체적인 회사의 분위기에 숭고한 직업의식이 스며들어 있는 것이다. 이런 분위기에서는 모두가 최선을 다해야겠다고 느낀다. 최선을 다해 일하지 않고 다른 짓을 하면 자신에게도 만족스럽지 않기 때문이다.

기업의 성공은 모두의 노력이 얼마나 한곳에 모여 좋은 결과를 향해 쓰이는가에 달려 있다. 모두를 올바른 결과로 이끌 사람이 최소한 한 명 정도는 필요하다. 앞서서 나아가는 사람이 앞으로 무엇을 해야 할지 모두에게 세세한 계획을 알려 줄 필요는 없다. 대신 그는 다른 이들을 다스릴 정신적인 힘을 가지고 있어야 한다.

오늘날의 사업 메일들은 평범하고 일상적인 형태로 쓰여 있지 않다. 메일을 쓰는 사람은 받는 이가 흥미로워할 무언가를 전달하고자 한다. 상대방의 능동적인 반응을 일깨우기 위해서이다. 때로는 단어 한두 개를 더하는 정도로도 일상적인 편지가 적극적인 반응을 이끌어 내는 편지가 되기도 한다. 편지에 담겨 있는 내용이 아니라 정신이 적극적인 반응을 이끈다. 논리적인 설명을 거부하는 실체 없는 무언가가 바로 위에서 말한 표출된 생각이다. 이는 원하는 것을 주인이 거두도록 해주는 존재이다.

자신만을 위해 성공을 열망해서는 안 된다. 친구나 친척의 성공이 이루어지기를 걱정하고 있다면, 그가 실제로 성공하는 모습을 상상해 보라. 그가 차지했으면 하는 자리에 앉게 된 모습을 그려 보라. 그에게 약점이 있다면 보완되기를 열망하고 명령하라. 그의 부정적인 특징에 속하는 약점이 긍정적인 자질로 대체되는 상황을 생각하라. 하루의 시간을 조금 쪼개어 그에게 건설적인 생각을 전달하는 데 투자해 보라. 그러면 그의 정신적 힘을 활성화시킬 것이다. 그는 마침내 일어서 자신의 성공을 열망하기 시작할 것이다.

직접적이고 긍정적이고 통제력 있는 리더십을 발휘하라고 다른 이들에게 제안하라. 우리가 받아들일 준비가 되었다고 믿는 것보다 훨씬 많은 성취를 다 함께 이룰 수 있다. 하지만 성공할지 말지는 대부분 위와 같은 제안에 그가 어떻게 대처하는가에 달려 있다.

우리는 나아가거나, 아니면 후퇴하고 있다. 그대로 멈춰 있지 않다. 무언가를 성취할 때마다 우리에게 더욱 대단한 일을 할 능력을 준다. 성공에 발휘한 노력이 클수록 미래에는 더 많은 것을 이룬다. 기업이 성장하면 기업의 지도자도 성장해야 한다. 사람들을 통제하는 힘으로 지도자는 주위 사람에게 자신감을 불어넣어야 한다.

어떤 면에서는 직원이 상관보다 훌륭한 자질을 가끔 보여 주기도 한다. 직원이 자기 계발을 무시하지 않고 꾸준히 연구해 왔다면 상관보다도 강력한 '다스리는 힘'으로 다른 이들을 이끄는 사람이 되었을지도 모른다.

마음의 힘을 통해 다른 이들에게도 열정과 성공의 정신을 불어넣을 수 있다. 그러면 그들이 무언가 가치 있는 일을 하도록 만드는 자극이 된다. 집중된 마음의 다스림 상태에는 물리적인 힘보다도 위력적인 잠재적 힘이 깃들어 있다. 이 상태에서 우리는 마음의 태도가 모든 것을 통제하고, 이끌고, 다른 힘을 다스릴 힘을 가지고 있다는 사실을 알게 된다. 원하는 것을 모두 얻을 수 있는 태도를 갖추게 된 것이다.

우리가 얼마나 강하든 환경의 힘에 정신적 영향을 받는다. 누구도 이러한 영향력으로부터 자유로운 상태가 되지 못한다. 마음은 장소에 깃들어 있는 힘으로부터 자유로워질 수 없다. 일하는 환경이 도움이 되지 않는다면 그 장소가 당신에게 정신적으로 해악이 된다는 의미이다. 자주 직업을 바꾸거나 지위를 옮기는 이유도 장소에 깃든 힘이 크게 도움이 되지 않기 때문이다.

원래 사람은 홀로 살아가도록 운명 지어져 있지 않다. 혼자 남겨져 세상으로부터 차단되고 자신의 생각만 마주하면 정신적인 궁핍을 겪는다. 마음은 협소해지고, 정신적 힘은 약해진다. 그리하여 홀로 살아가면 조금 약한 형태의 광기를 불러일으키기도 한다.

아이가 또래 아이와 놀지 못하고 나이 든 아이와 어울리면 어찌될까? 나이 든 아이의 행동만 따라 하게 된다. 마찬가지로 나이 든 아이 역시 어른과만 어울리면 비슷한 일을 겪는다. 어른의 정신을 얻게 되는 것이다. 당신이 젊음을 되찾고 싶다면 '젊은 영향력'을 찾아야 한다. 비슷한 것은 서로 끌어당기는 법이다.

생각이라는 요소는 삶에서 굉장히 거대한 부분을 차지한다. 어떠한 사업이든 직원들의 물리적인 노력만이 아니라 생각의 노력도 다스려야 한다. 모두의 생각이 서로 조화를 이루도록 해야 한다. 고용주는 직원들이 비슷한 생각을 품도록 하는 목표를 잡아야 한다. 그래야 서로 완전한 공명을 이루며, 서로를 보다 잘 이해할 것이다.

직원들이 서로 공명하지 않으면 절대 돕지 않는다. 이것이 바로 완벽한 조직을 이루는 요소이며, 단 하나의 뚜렷한 목표로 이끌어 가는 힘이다. 각자가 독립적인 개체가 되는 대신 바퀴살처럼 조화롭게 일하게 된다. 각자는 맡은 바를 최대한 행할 것이고, 게으름을 피우려는 생각은 하지도 않게 된다. 그러한 분위기에서 일하면 누구든 최대의 노력을 다하지 않을 수 없다.

모름지기 위대한 지도자는 구성원의 협동 정신을 고무하는 능력을 갖추어야 한다. 우선 자신의 마음을 다스려 다른 이들에게 도움을 주는 환경을 만든다. 그러고 나서는 도움을 받은 이들이 마음을 다스리는 것의 가치를 깨닫도록 한다. 금세 그들 사이에 유대가 형성되고, 동일한 목표를 향해 함께 일하게 된다. 그들은 하나로 합쳐진 노력에 의해 이로움을 얻는 것이다. 그 결과 많은 것을 성취하게 된다.

사업이 정의로운 정신을 토대로 진행된다면 당신의 생각과 아이디어가 직원들에게 스며들도록 할 수 있다. 당신의 방법과 아이디어가 곧 그들의 생각이 된다. 그들은 알아차리지 못할지도 모르지만, 당신의 정신적 힘이 그들의 생각을 바꾸는 것이다. 정신적 힘은 자연계에 존재하는 어떠한 물리적 힘보다 나은 결과를 확실하게 가져다준다.

앞서 나가는 지도자라면 직원들이 보다 잘 생각하고 논리를 발휘하도록 할 것이다. 그는 직원들이 우울해하거나

204

낙담하기를 원하지 않는다. 그렇게 낭비될 시간이 집중된 노력을 통해 열정적으로 사용된다면 고용주와 직원 모두에게 이로운 결과를 가져다준다. 미래의 사업에서는 정의로운 정신을 더욱 많이 찾아보게 될 것이다.

내가 아는 기업 중에는 지원서의 설문을 채워 넣지 않으면 고용하지 않는 기업이 있다. 의심할 여지도 없이 많은 사람들은 설문을 채우며 바보 같은 짓이라고 생각한다. 사실은 그렇지 않다. 능력 있는 매니저는 지원서의 설문만 보고도 회사의 업무와 잘 맞을지를 거의 정확히 알 수 있다.

매니저는 지원자가 협동적인 노력에 대한 역량을 가지고 있는지를 주로 살펴본다. 매니저는 직원들이 회사에 믿음을 갖기를 원한다. 한 직원이 불행을 이야기하며 우울해하면 그와 같은 영향력이 다른 직원들에게도 끼친다는 것을 깨닫기를 원한다. 앞서 나가는 매니저라면 성공을 방해할 이들이 고용되지 않도록 꼼꼼히 점검한다.

과거에 겪은 어려움을 떠올리는 시간이나, 분위기가 좋지 않은 회사에서 낭비된 시간은 당신에게 나쁜 것을 끌어당긴다. 당신이 앞으로 나아가기 전에 떨쳐 내야 할 나쁜 영향을 불러온다는 사실을 깨달아야 한다.

많은 기업은 한 번도 일해 보지 않은 이를 고용하기를

선호한다. 아무것도 잊어야 하는 것이 없어서이다. 물론 훈련받지는 못했지만, 극복해야 할 나쁜 습관 역시 하나도 갖고 있지 않다. 보다 쉽게 올바른 길로 인도할 수 있으며, 전에 배운 것과 충돌할 습관이 없어서 새로운 방법을 효과적으로 이해한다. 처음부터 올바른 길 위에서 시작하는 셈이다. 협력적으로 일을 하는 과정에서 그들은 이미 좋다고 판명이 난 방법을 배우도록 해주는 회사의 지도로부터 정신적인 도움을 얻는다. 그들은 자신감을 얻게 되고, 마침내 효율적이고 능숙한 직원이 되는 것이다.

오늘날 대부분의 기업은 '효율성 전문가'를 고용한다. 전문가는 매일 혹은 매주마다 서로 다른 부서에 가서 활동한다. 전문가는 수년간의 훈련과 상당한 돈을 들여 획득한 능력을 갖고 있다. 전문가는 자신의 능력으로 아직 직장 경험이 부족한 사람도 회사의 거대한 계획에 친밀함을 느끼도록 도와준다.

성공에 있어 태도는 우리가 깨닫는 것보다 훨씬 큰 비중을 차지한다. 우리에게 이득이 되는 힘을 이끌어 내야 한다. 올바르게 제어되고 표출된 생각에는 대단한 힘이 담겨있다. 우리는 집중을 통해서 이 힘을 가능한 한 끌어내야만 한다.

우리는 지금 당장은 잘 알지 못하는 많은 힘에 둘러싸인 채 살아간다. 이런 힘에 대한 우리의 지식은 앞으로 더욱 비약적으로 향상될 것이다. 가능성으로 가득한 정신적 힘을 매년 우리가 의식하지 못하는 사이에 조금씩 배워 가고 있다. 우리는 마음을 다스리는 것의 힘을 믿고 더욱 배워서 많이 사용해야 한다. 수많은 미래 세대의 삶을 명쾌하게 이끌 숭고한 힘과 에너지를 다루고자 한다면 말이다.

집중된
의지를
개발하라

이제 당신은 의지력을 기르는 효과적이고 실용적인 방법을 알게 될 것이다. 원하기만 한다면 강력한 의지를 기를 수 있다. 당신은 자신의 의지를 아직 발휘되지 않은 힘을 끌어낼 발전기로 사용할 것이다. 여기 주어지는 훈련법은 온전히 이루어지기만 한다면 당신의 의지력을 길러 줄 것이다. 육체적 운동이 근육을 강화시켜 주는 것과 같은 이치이다.

무엇인가를 시작하고자 한다면 우선 기초적인 원칙에서 출발해야 한다. 처음에는 기본적인 훈련이 주어진다. 집중을 시도하여 이루어지는 정신 가꾸기가 가져다줄 이로움은 측정하기가 불가능할 정도이다. 가장 쉬운 훈련도 쓸모없는 것이 아니다.

우리는 저마다의 끌림을 마주하기 마련이다. 그런 상황에서 의지는 과연 우리가 정의로운가, 순수한 생각을 품을 것인가, 자애로운 의견을 말할 것인가 등을 결정한다. 나아가 다른 사람의 단점을 보고도 참을 수 있을지를 결정하고, 우리의 높은 기준에 맞추어 살아갈 수 있을지를 결정한다. 모두가 의지에 의해 통제되는 만큼 우리는 일상 속에서 의지를 기르기 위한 훈련에 투자할 시간을 만들어야 한다.

당신의 의지력이 훈련을 통해 길러져야 한다는 것을 깨달아야 한다. 훈련하는 노력 역시 당신 혼자서만 해내야 한다. 누구도 당신을 위해서 대신 노력해 줄 수 없다. 이제부터 나올 훈련에서 성공적인 결과를 얻으려면 진지하고 성실한 정신으로 임해야 한다. 어떻게 의지를 훈련할지 가르쳐 줄 수는 있지만, 성공 여부는 전적으로 당신의 능숙함과 활용에 달려 있다.

의지를 훈련하는 새로운 방법을 알아보자. 다른 사람에게 간섭받지 않을 만한 조용한 방을 골라라. 시간을 측정할 시계를 준비하고, 관찰 내용을 기록할 노트도 하나 준비하라. 각 훈련을 시작할 때는 날짜와 시각을 적어야 한다.

/ 훈련 1 /

일단 적당한 시기를 결정하라. 하루 중 제일 편안한 시간 대를 선택하여 의자에 앉아 문고리를 10분간 응시하라. 10분이 지나면 당신이 느낀 것을 노트에 적어라. 처음에는 굉장히 이상하고 부자연스럽게 느껴진다. 10분 동안 한 가지 자세로 앉아 있기가 어렵게 느껴질 것이다. 하지만 될 수 있는 한 몸을 움직이지 않으려 노력해야 한다.

가만히 앉아 아무것도 안 하면서 10분을 보낸 적이 없을 것이다. 처음 이 훈련을 하면 시간이 굉장히 느리게 간다고 느껴진다. 당신의 생각은 문고리에서 떠나 이리저리 다른 주제로 돌아다닐 것이다. 이 훈련이 대체 무슨 도움이 되는지 의문을 품을지도 모른다. 하지만 6일 동안 같은 훈련을 반복하라.

2일째, 오후 10시
이제 조용히 앉아 있게 되고, 시간도 더 빨리 간다고 느껴질 것이다. 아마도 당신의 의지에 대한 통제력을 조금 얻었다는 점에서 자신이 강해졌다고 느낄 것이다. 당신이 결정을 꺾지 않고 가만히 앉아 있으면서 얻은 '강해지는 느낌'은 다음 훈련에서 당신을 돕는 힘이 된다.

3일째, 오후 10시

문고리에만 집중하기가 조금 어렵게 느껴질지도 모른다. 아마도 무척 바쁜 하루를 보냈을 것이고, 당신의 마음은 오늘 무엇을 했는지 되짚어 보려고 시도할 것이기 때문이다. 하지만 계속 노력하면 외부 생각을 머릿속에서 떨쳐 낼 수 있다. 그렇게 되면 잡념 대신 당신의 의지를 더욱 통제하고 싶다는 열망이 느껴질 것이다. 자신의 의지를 다루게 되면 당신을 뒤덮는 강한 느낌을 받는다. 이 훈련법은 자신이 보다 위대한 사람이라고 느끼게 해주고, 고귀함과 용감함의 감각을 일깨워 준다. 당신은 노트에 이렇게 적을 것이다.

"이제 내가 원하는 바를 실제로 해낼 수 있고, 필요 없는 생각을 몰아낼 수 있다는 것을 알게 되었다. 이 훈련이 가진 굉장한 가치가 이제야 보인다."

4일째, 오후 10시

당신의 노트에는 이렇게 쓰여 있을 것이다.

"문고리를 바라보며 나의 주의를 단숨에 집중시킬 수 있다는 것을 깨달았다. 다리를 불규칙적으로 움직이는 습관도 이겨 냈다. 내가 원하는 바를 해낼 수 있고, 다른 무언가가 나를 이끌 필요도 없다는 사실을 마음에 새기는 순간 다른 생각은 머릿속으로 들어오지 못한다. 정신적 강인함을 얻고 있음이 느껴진다. 내 의지력의 주인이 되는 것이 얼마나 거대한 가치를 지니는지 이제야 알겠다. 이제 내가 결단을 내리면 지킬 것을 알고 있다. 나는 더 큰 자신감을 가졌으며, 자기 통제력도 늘어나고 있다."

5일째, 오후 10시

"매일매일 나의 집중 정도가 강해지고 있다. 원하는 대상이라면 무엇이든 나의 주의를 집중할 수 있다고 느껴진다."

6일째, 오후 10시

"순식간에 나의 주의를 문고리에 집중시킬 수 있다. 이 훈련을 완전히 나의 것으로 만들었으며, 다음 훈련을 위한 준비가 되어 있다."

이때쯤이면 충분히 이 훈련법을 실천에 옮겼겠지만, 그래도 새로운 훈련을 시작하기 전에 간단한 요약본을 만들어라. 당신이 마음과 의지에 스쳐 지나가는 충동을 제어하기에 얼마나 성공적이었는지 적어 두라. 마음의 놀랍고도 섬세한 활동에 주의를 기울이면 마음을 가꾸는 데 큰 도움이 된다.

/ 훈련 2 /

카드 한 세트를 준비하고 위와 마찬가지로 훈련법을 시도할 적당한 시간대를 선택하라. 매일 지정된 시간에 카드 뭉치를 들고 다른 손으로 한 장씩 바닥에 내려놓아라. 가능한 천천히, 가능한 일관된 동작으로 카드가 겹쳐지도록 쌓아야 한다. 카드가 쌓이는 모양도 최대한 고르도록 하라. 내려놓는 카드가 바로 아래에 쌓이는 카드를 완전히 뒤덮도록 하라. 6일 동안 훈련을 반복하라.

1일째

아마도 지루하고 고된 훈련으로 느껴질 것이다. 이전의 카드를 완전히 덮도록 카드를 내려놓으려면 강도 높은 집중이 필요하기 때문이다. 카드를 조금 더 빠르게 내려놓고 싶은 마음도 들 것이다. 카드를 천천히 내려놓는 일이 인내심을 요구하기는 하지만, 너무 대충 하다 보면 훈련의 좋은 점들이 사라지고 만다. 처음에는 당신의 동작이 어색하고 성급하다는 것을 알게 된다. 당신의 손과 팔에 대한 통제력을 갖게 되기까지는 조금 연습이 필요하다.

이전에는 차분한 자세로 무언가를 시도한 적이 한 번도 없을 것이다. 당신의 의지가 지닌 깊은 주의력을 요구한다. 그만큼 당신은 이전에는 느껴 보지 못한 차분함을 얻을 것이다. 점차 새로운 힘을 얻어 가는 중이다. 지금까지 당신이 얼마나 충동적이고 성급했는지 깨닫게 될 것이다. 의지를 통해 어떻게 당신의 성미를 조절할지도 깨우치게 된다.

2일째

당신은 카드를 천천히 내려놓는 동작에 익숙해진다. 연습하다 보면 더 빠르게 카드를 내려놓을 수 있다는 점도 발견한다. 그러나 천천히 카드를 내려놓아야 한다는 것을

214

알기에 계속 자신을 감시해야 한다. 느린 동작, 안정적인 동작은 지루하다. 당신은 서두르고 싶어 하는 열망을 극복해야 한다. 얼마 지나지 않아 당신은 의지를 발휘하여 천천히 해낼 것이다.

3일째

여전히 느리게 카드를 내려놓기가 어려울지도 모른다. 당신의 의지가 더 빠르게 내려놓으라고 다그치듯이 느껴질 것이다. 특히 당신이 충동적인 사람이라면 더욱 그러하다. 충동적인 성격은 무언가를 신중하고 천천히 행하기에 어려움을 느낀다. 본래의 익숙한 '흐름'을 거스르기 때문이다.

3일째에 도달해도 여전히 훈련이 피곤하게 느껴질 수도 있다. 하지만 일단 해내고 나면 정신의 받침대가 되어 준다. 하기 싫은 일을 성취해 내는 데 성공했기 때문이다. 이 훈련은 별로 달갑지 않은 일에도 집중하는 법을 가르쳐 준다. 노트에 기록해 가며 훈련하면 굉장히 도움이 된다.

4일째

"나는 카드를 거의 완벽하게 쌓아 올리기 시작했다. 카드 한 장이 아래의 카드를 덮고 있지 않다는 것을 발견했다. 조금 주의력이 떨어지는 것 같으니 신중해야겠다. 나의 의지에게 더욱 집중력을 발휘하도록 요구할 것이다. 나의 의지를 뜻대로 다스리는 것은 이제 별로 어려워 보이지 않는다."

5일째

"나의 불필요하고 어색했던 동작을 극복하고 있다는 사실을 발견했다. 이제 카드를 천천히 안정적으로 내려놓을 수 있다. 점점 더 빠르게 평온을 얻는다고 느껴진다. 매일 의지에 대한 통제력을 길러 가는 것처럼 느껴진다. 의지는 이제 나의 육체적 움직임을 완벽하게 제어한다. 나의 의지가 위대한 '다스리는 힘'처럼 보이기 시작했다. 나의 의지력에 대해 배운 내용을 잊어버리는 것은 상상도 할 수가 없다. 이 훈련법은 가치 있는 훈련이며, 나의 문제를 해결하는 데 큰 도움이 될 것이다.

6일째

"내 의지의 경이로운 잠재력을 느끼게 되었다. 그 느낌은 내가 의지력을 얻기 위한 노력에 힘을 보태 준다. 나는 더욱 많은 의지를 발휘할 수 있고, 일을 잘할 수도 있다. 나의 행동을 다스릴 수 있음을 깨달았기 때문이다. 앞에 놓인 일이 무엇이든 나의 의지는 완전히 집중된다. 일이 끝날 때까지 나는 의지를 계속해서 모아 둘 수 있다. 무엇을 해야 하는지 주의 깊고 확고하게 결정할수록 의지도 쉽게 발휘된다. 확고한 결단은 나의 의지를 가로막는 모든 것을 밀어낸다. 나의 의지와 목표는 서로 상호 작용하며 서로를 굳건히 만든다."

7일째

당신이 하는 일에 조금 속도를 내어 보라. 서두르거나 다급히 하라는 말은 아니다. 그냥 모든 것을 조금 더 빠르게 하되, 안정적인 자세로 행하라. 당신은 위에서 연습한 천천히 행하는 훈련이 당신의 신경을 평온하게 만들었음을 깨달을 것이다. 이는 당신이 오히려 좀 더 속도를 내는 것도 가능하게 해준다.

의지가 이제 당신의 통제 아래에 있지 않은가. 의지가 보다 빠르고 확고한 결정을 내리도록 만들라. 이것이 자기 통제력과 자신에 대한 명령을 기르는 방법이다. 이 경지가 되면 몸은 기계처럼 주인인 당신의 명령에 완전히 따를 것이다.

매일 훈련에 대한 성찰적 평가를 써 두면 얼마나 큰 도움이 되는지 당신은 알게 되었을 것이다. 물론 위의 사례에 쓰여 있는 내용과 똑같은 경험을 하지는 못할 테지만, 그래도 몇몇은 적용될 수 있다. 당신의 경험을 신중하고 진실하게 기록하라. 당신이 느낀 그대로의 감정을 표현해야 한다. 미사여구로 기록을 이리저리 꾸미면 가치를 잃는다.

당신을 둘러싼 환경도 있는 그대로 묘사해 두라. 몇 달이 지나 똑같은 훈련을 다시 시도하면 기록이 굉장히 도움이 된다는 사실을 알게 된다. 이런 성찰을 통해 자신을 조금 더 알게 된다. 자신에 대한 지식을 통해 능률을 놀라울 정도로 끌어올릴 수 있다. 자신의 훈련을 기록하기에 익숙해질수록 점점 정확해진다. 그 결과 어떻게 충동과 몸의 활동을 제어하고 약점을 극복할지를 배우게 된다.

저마다 자신에게 잘 맞는 형태로 훈련을 계획해야 한다. 매일 연습하기가 불편하다면 한 주에 두세 번의 시도로 바꾸어도 괜찮다. 다만 일단 계획을 세웠으면 꼭 지켜야 한다. 하루에 10분을 투자하기가 어렵다면 5분에서 시작하여 점점 시간을 늘리도록 하라. 위에서 이야기한 훈련법은 그저 대표적인 케이스에 지나지 않는다.

별도의 훈련 없이 의지를 기르는 방법이 있다. 의지를 위한 훈련에 시간을 투자하고 싶지 않은 사람에게 다음과 같은 설명을 전하고자 한다.

무언가를 소망하고 실현하면 의지도 길러진다. 더 많은 것을 소망할수록 의지도 강해져 힘을 얻는다. 의지를 강화하기 위해 당신 앞의 일이 작든 크든 반드시 달성하는 것을 확고한 규칙으로 만들라. 당신의 의지와 능력을 해야 할 일에 집중하여 실현시키는 습관을 형성하라. 맡은 일을 해결하고 계획을 실천에 옮기는 습관을 들이는 것이다.

그렇게 하면 앞에 놓인 일이 무엇이든 성취할 수 있다는 느낌을 얻게 된다. 자신감과 더불어 다른 길로 벗어나지 않는 힘을 준다. 한번 결단을 내리면 지킬 것을 알게 된다. 이제 새로운 일을 성의 없는 자세로 마주하지 않고 용감하고 진취적인 정신으로 대하게 된다. 의지가 우리를 거대한 장애물 너머로 끌어올려 준다는 사실을 이미 알고 있지 않은가. 이것만 안다면 절대 절망의 희생양이 되지 않는다. 우리에게는 의지가 있다. 우리는 의지를 점점 더 강력하게 사용해 나갈 것이다. 더욱 강력하게 결단을 내리고, 자유롭게 행동하고, 훌륭한 삶을 살도록 의지를 사용하라.

의지의 수련은 절대 운에만 맡겨 두어서는 안 된다. 오직 특정한 종류의 일만이 의지를 활발한 상태, 준비된 상태, 일관적으로 유지되는 상태로 만들 것이다. 유일한 방법은 자신에 대한 연구와 자기 규율을 이용하는 것뿐이다. 시간, 인내심, 노력을 비용으로 지불하겠지만, 분명 가치 있는 보상을 얻는다. 자신에 대한 깨우침, 자신만의 고유한 능력과 에너지를 선물하기 때문이다.

승리하기 위해서 의지에 집중하라. 근무 환경에 적응하는 정도는 다른 무엇보다도 결단력에 달려 있다. 오늘날 우리는 저마다의 적성에 관한 이야기를 듣는다. 누군가의 적성과 능력이 어느 수준까지 개발되었을지 모른다. 하지만 최대한 자신의 잠재적 힘을 끌어내기 전까지는 아직 발견되지 않은 자질이 더 많다는 것을 알아야 한다.

한 가지 종류의 일에서는 실패하더라도 다른 종류의 일에서는 거대한 성공을 거둘 수도 있다. 처음 맡았던 일에서는 성공하지 못했지만, 다른 방향으로 노력을 쏟아 훌륭한 결과을 얻은 사람들이 많다. 그들이 환경에 적응하기를 거부하고 기존의 일을 고수했다면 어땠을까? 적성에 맞지 않는 일의 흐름이 그를 망각 속으로 휩쓸어 갔을 것이다.

내가 가지고 있는 목표 중 하나는 사람들의 노력과 결단력을 이끌어 내서 최고 역량, 즉 거대한 가능성을 일깨우는 것이다. 무언가를 시작하기에 앞서 당신이 깨달았으면

하는 바가 있다. 정말로 중요한 것은 능력보다는 의지이다.

능력은 매우 충분하나 일을 계획하는 진취성과 창의력은 충분하지 않은 경우가 많다. 사람을 고용하기는 쉽지만, 훈련하기는 어렵다. 능력이 적절하게 쓰이도록 누군가 배분해야 하기 때문이다. 일을 하는 동안 어떻게 에너지를 아낄지 가르쳐 주어야 하고, 다른 사람과 조화를 이루며 일하는 방법도 알려 줘야 한다. 대부분의 직장은 앞서 말한 일련의 능력을 지닌 단 한 명의 뛰어난 사람에 의해 좌우된다.

당신 안의 이끄는 힘에 집중하라. 내면 어딘가에 우리를 보다 나은 결과로 이끌려는 활동적인 '이끄는 힘'이 있음을 의식하곤 한다. 가끔 무언가 가치 있는 일을 하기로 결단을 내리는 것도 바로 이 힘에 의해서다.

생각이나, 감정, 느낌이 아니다. 이끄는 힘은 사고나 감정과는 구별되는 별개의 무언가이다. 정신적인 자질이며, 따라서 자신만의 의식을 가지고 있다. 말하자면 '의지의 의지'인 셈이다. 바로 이 힘이 의지가 집중하도록 만들어 준다. 일을 성취하는 동안 이 힘이 자신의 안에서 능력을 발휘하여 이끌어 주었다고 느낀 사람들이 있다. 위대한 사람은 이 고귀하고 강력한 힘이 위대한 결정들을 내리도록 도와준 든든한 지원군임을 깨달은 사람이다.

이끄는 힘은 모두의 안에 있지만, 어느 정도 경지에 이르기 전까지는 인지하지 못한다. 오로지 자격이 있는 자에게만 나타나 도움이 된다. 어떠한 종류의 생각도 훈련도 거치지 않고 자연스럽게 머릿속에 나타난다. 전혀 고무적이지도 않으며 알아챌 틈도 없이 조용하게 나타나는 것이다. 대체 이끄는 힘이 무엇인지 정확히 알 수 없지만, 정의롭고 조화로운 행동을 하도록 의지를 강화시켜 주는 존재임은 안다.

단순히 옛 노예 상인의 관점에서 당신이 노예로 팔리면 약 1만 달러의 가치를 가진다고 하자. 만일 누군가 당신에게 절반에 해당하는 5천 달러의 가치를 지닌 자동차를 한 대 선물한다면 어떻게 하겠는가? 당신은 매우 조심스럽게 다룰 것이다. 자동차의 기화기에 모래를 집어넣지도 않고, 물과 섞은 가솔린을 쓰지도 않고, 거친 도로 위에서 사납게 몰지도 않고, 차가운 겨울밤에 얼어붙도록 밖에 방치하지도 않을 것이다.

그렇다면 당신은 유일한 진짜 자산인 몸이나 건강을 조심스럽게 다루고 있다고 확실하게 말할 수 있는가? 당신에게 선물로 주어진 5천 달러짜리 자동차처럼 말이다. 자신의 피에 위스키를 섞는 자는 자동차에 쓸 가솔린에 물을 섞는 사람보다도 바보이다. 새 차를 구입할 수는 있어도 새 몸을 구할 수는 없다.

잠을 제시간에 자지 못하는 사람은 불규칙하게 살게 된다. 음식을 급하게 먹는 사람은 피의 순환이 불완전해진다. 다른 귀중한 재산에는 절대 하지 않을 방식으로 자신의 몸을 대하는 멍청한 행동이다.

당신보다 많이 아는 사람과 대화하려 노력하는가? 이야기하는 동안 당신이 아는 것을 설명하기보다는 그의 말을 경청하려 하는가?

수십만의 50~60대 사람들이 틀에 박힌 삶에서 홀로 외롭게 살아간다. 지금은 낭비되고 있을 에너지를 다시 불태울 기폭제만 있다면 충분히 틀에서 벗어나 성공한 사람으로 대우받을 수 있음에도 그렇다. 우리는 각자의 문제에 매진하여 연구하고 해결해 내야만 한다.

집중을
되새기는
내용들

이 책을 마치며 다시 한 번 당신의 마음에 집중이 가진 수많은 가치를 새겨 주고자 한다. 이 위대한 힘을 이끌어 내기에 실패한 사람은 대체로 가난과 불행으로 고통받는다. 그의 삶에서 벌어지는 일은 대부분 실패가 될 것이다. 반면 집중력을 개발하여 사용하는 사람은 삶이 주는 기회의 대부분을 붙잡을 수 있다.

나는 가능한 실용적인 내용을 책에 담고자 노력했으며, 아마 독자들도 그렇게 느낄 것이라고 확신한다. 물론 단순히 글을 읽기만 해서는 별다른 도움이 되지 않는다. 책에 나온 훈련법을 자신에게 맞추어 충분히 실천으로 옮기면 집중하는 습관을 얻을 것이다. 그리하여 당신의 능률을 비약적으로 향상시키고 행복도 더욱 커지기를 바란다.

실천으로 옮기는 만큼만 당신에게 도움이 된다. 나는 책을 한 번 읽은 후 다시 읽는 것이 굉장히 훌륭한 아이디어라는 사실을 알고 있다. 다시 읽다가 눈길을 끄는 대목이 나오면 잠시 멈추어 생각해 보라. 당신에게도 적용 가능한 내용이라면 반복해서 읽어서 마음속에 새겨지도록 하라. 당신이 읽는 책에서 좋은 내용을 가려내어 마음속에 새겨 두는 습관을 길러야 한다. 이 습관은 당신의 인격에 놀라운 영향을 가져다줄 것이다.

마지막 장을 통해 일을 무의식적이고 자동적으로 처리하지 않는 대신 집중해야 한다는 것을 기억했으면 한다. 마침내 자신의 일과 삶을 채우고 있는 힘들에 통달할 수 있는 습관을 가질 때까지 말이다.

대개 일을 하는 과정에서 제일 어려운 부분은 생각하는 것이다. 머뭇거리지 않고 곧장 생각에 뛰어든다면 그다지 불쾌해지지 않는다. 이는 집중하는 방법을 배우기 시작할 때 종종 느끼는 경험이다. 당신의 일이 어렵다고 생각하지 말라. '나는 해낼 것이다'라는 정신으로 임하라. 그러면 의지를 얻는 것과 의지를 활용하는 것이 진짜 쉽다는 사실을 알게 된다.

역사 속 위대한 인물 중 아무나 한 명만 골라서 알아보라. 그에게 성공을 선물한 자질 중 두드러지는 능력은 바로 집중하는 능력일 것이다. 반대로 실패자의 사례를 연구해 보라. 집중력 부족이 실패의 큰 원인임을 발견할 것이다.

"한 번에 하나씩 하며 지금 맡은 일부터 끝내기. 이것이야말로 내가 아는 규칙 중 가장 훌륭한 규칙이다."

모두가 동일한 능력을 가지고 태어나지는 않는다. 실제로 중요한 것은 능력이 이용되는 방식이다.

"기회는 누구에게나 찾아와 문을 두드린다."

성공한 사람은 노크 소리를 듣고 기회를 잡은 이들이다. 실패자는 운과 주변 환경이 적대적이라고 믿어 버린다. 성공하지 못하면 언제나 자신보다 다른 사람을 비난한다. 오직 우리에게 찾아온다고 생각하는 것들만 얻을 수 있다.

우주 안에 있는 모든 것은 당신의 손으로 붙잡을 수 있다. 그저 당신의 잠재적인 힘을 발휘하기만 한다면 이미 당신 것이 되어 있을 것이다. 무언가를 '하고자' 하는, 무언가가 '되고자' 하는 의지에 집중한다면 우주의 보이지 않는 힘과 보이는 힘이 다함께 당신을 도울 것이다.

사람은 집중할 수 있는 역량을 어느 정도씩은 가지고 있다. 그런 능력이 하나도 없다면 아무것도 말할 수도, 행할 수도 없다. 사람마다 집중하는 능력이 다른 이유는 무엇일까? 몇몇 사람은 중요한 생각을 자신의 마음속에 충분히 오래 붙잡고 있을 의지를 발휘하지 못하기 때문이다. 누가 강력한 의지를 지니게 되는가는 누가 큰 결단력을 발휘하는가에 의해 결정된다. 누구도 당신보다 강한 결단력을 가질 수 없다고 생각하라. 강력한 적수를 만나면 이 말을 머릿속에 떠올리도록 하라.

절대 '오늘은 집중할 수가 없다'고 말하지 말라. '나는 집중할 것이다'라고 말하는 순간 당신은 해낸다. 당신은 자신의 생각이 이리저리 뻗어 나가는 것을 막을 것이다. 당신의 팔이 얌전히 있도록 다루는 것과 마찬가지이다. 이 사실을 깨달으면 자신의 의지로 당신이 원하는 것에 집중하도록 훈련할 수 있다.

의지가 흐트러진다면 전적으로 당신의 잘못이다. 당신은 의지를 온전히 이용하지 못한 것이다. 그렇더라도 당신의 의지가 약하다고 비난하지 말라. 의지가 약하다고 생각하면 의지는 정말로 약한 모습을 보인다. 의지가 강하다고 생각하면 생각 그대로 강하게 작용한다.

의지가 강하다고 생각하면 당신은 이렇게 말한다.

"나는 할 수 있다."

의지가 약하다고 생각하면 거의 대부분 이렇게 말한다.

"나는 할 수 없다."

몇몇 사람은 '할 수 없다'고 생각하는 습관을 들여 실패를 겪는다. 다른 이들은 '할 수 있다'는 생각을 통해 성공한다. 기억하라. 할 수 없다고 생각하는 무리와 할 수 있다고 생각하는 무리 중 어디에 합류할지는 당신이 결정해야 할 문제이다.

많은 사람이 자주 저지르는 큰 실수가 있다. '나는 할 수 없다'는 말은 '나는 시도해 보지도 않을 것이다'와 같은 의미임을 깨닫지 못하는 것이다. 시도해 보기 전까지는 할 수 있을지 없을지 모른다. 할 수 없다는 말은 시도하지도 않겠는다는 의미가 아닌가. '집중할 수가 없다'라는 말도 해서는 안 된다. 실제로는 시도 자체를 거부하겠다는 표현이기 때문이다. '할 수 없다'고 말하고 싶은 느낌이 들면 대신 다음과 같이 말하라.

"나에게는 온전한 의지가 있다. 나는 원하는 만큼 의지를 사용할 수 있다."

당신은 스스로 훈련한 만큼 자신의 의지를 사용할 수

있다. 한 가지 시도해 보길 권하는 실험이 있다. 오늘 밤 잠자리에 들기 전에 다음의 말을 따라 해보라.

"내가 무슨 생각을 할지 스스로 선택할 것이다. 내가 원하는 만큼 그 생각을 머릿속에 붙잡아 둘 것이다. 나를 약하고 소심하게 만들거나, 나의 생각을 간섭하는 생각은 머릿속에서 차단할 것이다. 나의 의지는 다른 누구의 의지보다도 강하다."

다음 날 아침 직장으로 가는 길에 또다시 위의 말을 반복하라. 한 달 동안 계속 반복하면 어느새 훨씬 긍정적인 생각을 가진 자신을 발견할 것이다. 위에 언급된 내용은 모두 당신에게 성공을 가져다주는 자질이다. 언제나 꼭 붙잡아 두도록 하라.

집중은 특별한 것이 아니다. 무언가를 하고자 하는 의지를 발휘하는 것이다. 들어오지 않기를 원한다면 외부의 생각은 얼마든지 전부 차단할 수 있다. 당신의 마음을 다스리기 전까지는 자신의 가능성을 깨닫지 못한다. 마음을 다스리면 이전에는 무의식적으로 행했던 일을 의식적으로 행하게 된다. 당신은 자신의 실수를 발견할 것이고, 나쁜 습관을 극복하여 행동을 완벽하게 바꿀 것이다.

아마도 예전에 당신은 용기가 요구되는 지위를 맡은 적

이 있을 것이다. 그때 당신이 보여 준 용기에 놀란 적도 있을 것이다. 이제 진정한 당신을 일깨워 내면 용기를 항상 지니게 된다. 용기를 발휘하기 위해 더 이상 특별한 사건이나 상황이 있어야만 할 필요가 없다.

당신의 마음속에 강렬하게 새겨 주고 싶은 메시지가 있다. 매우 예외적인 상황에서만 발휘하였던 용기와 결단력을 이제는 언제든지 당신의 통제 아래 두고 발휘할 수 있다는 것이다. 이는 당신이 가진 방대한 자원 중 일부이다. 당신이 이루어 낼 가장 높은 이상을 달성하기 위해 이 자원을 자주, 그리고 올바르게 사용하라.

마지막으로 전하는 집중에 대한 조언이 있다. 드디어 당신도 삶을 가치 있고 유용하고 행복하게 만들려면 집중의 능력을 길러야 한다는 사실을 깨달았다. 책에서는 몇 가지 훈련법과 필요한 설명을 제공했다. 높은 이상을 만들고, 그 이상에 맞추어 사는 것은 이제 당신에게 달려 있다.

쓸데없는 책을 읽느라 시간을 낭비하지 말라. 당신에게 영감을 안겨 주고, 가치 있는 생각을 하는 사람들과 공감하게 해줄 책을 읽어라. 그들의 열정이 당신을 고무하고 계몽시킬 것이다.

책을 읽을 때는 천천히 읽는 내용에 집중해서 읽어라. 당신의 영혼과 작가의 영혼이 서로 교류하도록 하면 문장과 문장 사이에 숨어 있는 느낌, 즉 언어로는 표현할 수 없는 놀라운 무언가를 느낄 것이다.

한 번에 오직 하나에만 지속적으로 주의를 기울이면 당신은 곧 집중하게 된다. 목표에 이르기 전까지는 생각을 끊임없이 붙들어라. 직장에서 일을 한다면 마음이 당신의 업무에만 머무르도록 하라.

말하기 전에 먼저 생각하고서 지금 이야기되는 주제를 말하라. 우왕좌왕 말해서는 안 된다. 천천히, 차분하게, 소리와 소리가 이어지듯 말하라. 성급함이라는 습관을 갖지 말고, 모든 일에 신중하라. 손가락이나 눈꺼풀, 혹은 다른 신체 부위를 얌전히 멈추어 두듯이 당신의 태도도 정적으로 유지하라.

하나의 주제만 이야기하는 책을 읽어라. 장문의 기사를 읽고, 주장의 요지가 무엇인지 떠올려 보라. 생각과 행동이 차분하고 안정적이며 부드러운 사람과 어울리라. 의자에 앉아 당신이 얼마나 오랫동안 한 가지 주제를 잡념 없이 생각할 수 있는지 헤아려 보라.

자신의 숭고한 자아에 집중하라. 시간은 점점 흐르고 흐른다. 매일 똑같은 시각이 한 바퀴 돌아온다. 그때마다 당신에게 주어진 하루가 줄어든다는 의미이다. 대부분 외부의 환경을 다스리려고만 노력한다. 성공과 행복이 외부적 환경에 달려 있다고 생각하기 때문이다.

물론 외적 조건도 중요하다. 당신이 애써 그것을 무시하기를 바라지는 않는다. 다만 죽음이 찾아오면 내면에서 얻어진 자질과 정신 속에 형성된 내적 환경(인격, 행동, 영혼의 크기 등)만이 우리와 함께함을 깨닫기 바란다. 내적인 조건이 올바르게 형성되어 있으면 당장 성공하지 못하고 행복하지 않더라도 두려울 것이 없다. 내면의 자질을 통해 당신은 물질적인 조건과 외적인 환경을 마음대로 바꿀 수 있기 때문이다.

자신에 대해 연구하라. 강점을 찾아 더욱 강하게 만들고, 약점도 찾아 역시 강하게 만들라. 자신을 사려 깊게 연구하다 보면 당신의 진짜 모습을 보게 된다. 무언가를 성취하는 비결은 집중에 있다. 당신의 힘을 한 번에 단 하나의 지점으로 모으는 기술이라고 할 수도 있다.

자신에 대해 충분히 연구했다면 당신이 올바른 길을 걷도록 만들어 준다. 상황에 따라 적절한 내적 재조정을 행할 능력도 얻는다. 무엇보다도 이것을 기억하라. 올바른 사고와 올바른 삶은 반드시 행복을 가져온다. 행복을 얻는 것은 당신의 능력에 달려 있다. 행복하지 않은 사람은 자신에게 태생적으로 주어진 권리를 활용하지 못하고 있는 것이다.

언젠가 세상을 떠나게 됨을 마음에 담아 두라. 그때 무엇을 함께 가지고 떠날지 생각해 보라. 당신이 보다 숭고한 힘에 집중하도록 도와줄 것이다. 이 시각부터 당신은 '보다 숭고한 자아'의 조언을 따라 행동하라. 그렇게 한다면 무한히 조화로운 힘이 반드시 삶의 목표를 성공적으로 달성하도록 보장해 준다. 당신의 숭고한 이끌림에 저항하고 싶은 유혹이 생기면 다음과 같은 생각을 마음에 담으라.

"나의 숭고한 자아는 다른 존재를 대함에 있어 가장 훌륭한 행동을 할 수 있는 기쁨으로 나를 이끌어 준다."

개발되고 사용되기만 한다면 당신과 다른 이에게 도움이 될 만한 잠재적인 능력을 당신은 소유하고 있다. 능력을 올바르게 사용하지 않는다면 당신의 의무를 게을리하는 셈이 된다. 당신은 패배자가 될 것이며, 고통스러운 결과를 마주할 것이다. 나아가 당신의 의무를 다하지 않으면 주위 사람도 해를 입는다.

생각의 힘을 일깨워 당신의 활동에 사용하라. 당신이 세운 계획의 실현을 도와줄 '원칙'의 놀라운 가치를 깨달을 것이다. 결국 올바르고 정의로운 것만이 승리하게 된다. 당신은 우주의 위대한 계획이 이루어지는 것을 도와 많은 결과를 얻을 수 있다. 반대로 우주의 위대한 계획을 거스르고자 도전하여 고통스러운 결과를 얻을 수도 있다.

모든 것을 불태우는 위대한 불길은 우주에서 해악이 되는 요소를 정화할 것이다. 당신이 우주의 질서를 거스르고자 한다면 불길의 시련 속에서 불타 버릴 것이다. 당신이 자신의 보다 숭고한 자아와 조화를 이루기 위해 현명하게 집중의 힘을 발휘하는 법을 배우기를 원한다. 다음과 같은 생각을 마음에 담아 두라.

"나는 최선을 다해 삶을 살아갈 것이다. 지혜, 자기 이해, 행복, 남을 도울 힘을 추구할 것이다. 나는 숭고한 자아의 지시에 따라 행동하기에 최상의 결과만이 올 것이다."

숭고한 자아의 존재를 더욱 의식할수록 우리는 완결성과 신성함을 지닌 영혼의 진짜 모습처럼 변하기 위하여 노력해야 한다. 시간을 사소한 외적 자질이나 약점에 연연하는 데 낭비해서는 안 된다. 진정한 우리의 모습이 무엇인지 알아내기 위해 노력해야 한다. 외적인 허례허식에 지나치게 신경 쓰지 않아야 한다. 그러면 다른 사람들이 무지하게도 물질적인 것을 과시하며 시간을 낭비하는 동안 당신은 자신의 진정한 존엄성과 자존감을 지킬 수 있다. 자신이 영속적인 존재라는 사실을 깨닫는 사람만이 진정한 자신을 아는 자이다.

나는 왜 시간이 늘 모자랄까?

초판 1쇄 인쇄 2016년 2월 26일
초판 1쇄 발행 2016년 3월 4일

지은이 테론 Q. 듀몬트
옮긴이 한진욱

펴낸이 박세현
펴낸곳 팬덤북스

기획위원 김정대·김종선·김옥림
영업 전창열
편집 김종훈·이선희
디자인 강진영

주소 (우)03966 서울시 마포구 성산로 144 교홍빌딩 305호
전화 070-8821-4312 | **팩스** 02-6008-4318
이메일 fandombooks@naver.com
블로그 http://blog.naver.com/fandombooks

등록번호 제25100-2010-154호

ISBN 979-11-86404-45-4 13320